T&P BOOKS

I0151254

AFRIKAANS

W O R T S C H A T Z

DEUTSCH
AFRIKAANS

Die nützlichsten Wörter
Zur Erweiterung Ihres Wortschatzes und
Verbesserung der Sprachfertigkeit

7000 Wörter

Wortschatz Deutsch-Afrikaans für das Selbststudium - 7000 Wörter

Von Andrey Taranov

T&P Books Vokabelbücher sind dafür vorgesehen, beim Lernen einer Fremdsprache zu helfen, Wörter zu memorieren und zu wiederholen. Das Wörterbuch ist nach Themen aufgeteilt und deckt alle wichtigen Bereiche des täglichen Lebens, Berufs, Wissenschaft, Kultur etc. ab.

Durch das Benutzen der themenbezogenen T&P Books ergeben sich folgende Vorteile für den Lernprozess:

- Sachgemäß geordnete Informationen bestimmen den späteren Erfolg auf den darauffolgenden Stufen der Memorisierung
- Die Verfügbarkeit von Wörtern, die sich aus der gleichen Wurzel ableiten lassen, erlaubt die Memorisierung von Worteinheiten (mehr als bei einzeln stehenden Wörtern)
- Kleine Worteinheiten unterstützen den Aufbauprozess von assoziativen Verbindungen für die Festigung des Wortschatzes
- Die Kenntnis der Sprache kann aufgrund der Anzahl der gelernten Wörter eingeschätzt werden

T&P Books Publishing
www.tpbooks.com

ISBN: 978-1-78716-496-3

Dieses Buch ist auch im E-Book Format erhältlich.
Besuchen Sie uns auch auf www.tpbooks.com oder auf einer der bedeutenden Buchhandlungen online.

WORTSCHATZ DEUTSCH-AFRIKAANS
für das Selbststudium

Die Vokabelbücher von T&P Books sind dafür vorgesehen, Ihnen beim Lernen einer Fremdsprache zu helfen, Wörter zu memorieren und zu wiederholen. Der Wortschatz enthält über 7000 häufig gebrauchte, thematisch geordnete Wörter.

- Der Wortschatz enthält die am häufigsten benutzten Wörter
- Eignet sich als Ergänzung zu jedem Sprachkurs
- Erfüllt die Bedürfnisse von Anfängern und fortgeschrittenen Lernenden von Fremdsprachen
- Praktisch für den täglichen Gebrauch, zur Wiederholung und um sich selbst zu testen
- Ermöglicht es, Ihren Wortschatz einzuschätzen

Besondere Merkmale des Wortschatzes:

- Wörter sind entsprechend ihrer Bedeutung und nicht alphabetisch organisiert
- Wörter werden in drei Spalten präsentiert, um das Wiederholen und den Selbstüberprüfungsprozess zu erleichtern
- Wortgruppen werden in kleinere Einheiten aufgespalten, um den Lernprozess zu fördern
- Der Wortschatz bietet eine praktische und einfache Lautschrift jedes Wortes der Fremdsprache

Der Wortschatz hat 198 Themen, einschließlich:

Grundbegriffe, Zahlen, Farben, Monate, Jahreszeiten, Maßeinheiten, Kleidung und Accessoires, Essen und Ernährung, Restaurant, Familienangehörige, Verwandte, Charaktereigenschaften, Empfindungen, Gefühle, Krankheiten, Großstadt, Kleinstadt, Sehenswürdigkeiten, Einkaufen, Geld, Haus, Zuhause, Büro, Import & Export, Marketing, Arbeitssuche, Sport, Ausbildung, Computer, Internet, Werkzeug, Natur, Länder, Nationalitäten und vieles mehr...

INHALT

Die Erde. Teil 2   162

172. Wetter   162
173. Unwetter Naturkatastrophen   163

Fauna   164

174. Säugetiere. Raubtiere   164
175. Tiere in freier Wildbahn   164
176. Haustiere   165
177. Hunde. Hunderassen   166
178. Tierlaute   167
179. Vögel   167
180. Vögel. Gesang und Laute   169
181. Fische. Meerestiere   169
182. Amphibien Reptilien   170
183. Insekten   170
184. Tiere. Körperteile   171
185. Tiere. Lebensräume   171

Flora   173

186. Bäume   173
187. Büsche   174
188. Pilze   174
189. Obst. Beeren   174
190. Blumen. Pflanzen   175
191. Getreide, Körner   176

REGIONALE GEOGRAPHIE   178
Länder. Nationalitäten   178

192. Politik. Regierung. Teil 1   178
193. Politik. Regierung. Teil 2   179
194. Länder. Verschiedenes   180
195. Wichtige Religionsgruppen. Konfessionen   181
196. Religionen. Priester   182
197. Glauben. Christentum. Islam   182

VERSCHIEDENES   185

198. Verschiedene nützliche Wörter   185

LEITFADEN FÜR DIE AUSSPRACHE

T&P phonetisches Alphabet	Afrikaans Beispiel	Deutsch Beispiel
[a]	land	schwarz
[ã]	straat	Zahlwort
[æ]	hout	ärgern
[o], [ɔ]	Australië	wohnen, oft
[e]	metaal	Pferde
[ɛ]	aanlê	essen
[ə]	filter	halte
[ɪ]	uur	Mitte
[i]	billik	ihr, finden
[ĩ]	naïef	Militärbasis
[o]	koppie	orange
[ø]	akteur	können
[œ]	fluit	Hölle
[u]	hulle	kurz
[ʊ]	hout	dumm
[b]	bakker	Brille
[d]	donder	Detektiv
[f]	navraag	fünf
[g]	burger	gelb
[h]	driehoek	brauchbar
[j]	byvoeg	Jacke
[k]	kamera	Kalender
[l]	loon	Juli
[m]	môre	Mitte
[n]	neef	Vorhang
[p]	pyp	Polizei
[r]	rigting	richtig
[s]	oplos	sein
[t]	lood, tenk	still
[v]	bewaar	November
[w]	oorwinnaar	schwanger
[z]	zoem	sein
[dʒ]	enjin	Kambodscha
[ʃ]	artisjok	Chance
[ŋ]	kans	Känguru
[tʃ]	tjek	Matsch
[ʒ]	beige	Regisseur
[x]	agent	billig

ABKÜRZUNGEN
die im Vokabular verwendet werden

Deutsch. Abkürzungen

Adj	-	Adjektiv
Adv	-	Adverb
Amtsspr.	-	Amtssprache
f	-	Femininum
f, n	-	Femininum, Neutrum
Fem.	-	Femininum
m	-	Maskulinum
m, f	-	Maskulinum, Femininum
m, n	-	Maskulinum, Neutrum
Mask.	-	Maskulinum
n	-	Neutrum
pl	-	Plural
Sg.	-	Singular
ugs.	-	umgangssprachlich
unzähl.	-	unzählbar
usw.	-	und so weiter
v mod	-	Modalverb
vi	-	intransitives Verb
vi, vt	-	intransitives, transitives Verb
vt	-	transitives Verb
zähl.	-	zählbar
z.B.	-	zum Beispiel

GRUNDBEGRIFFE

Grundbegriffe. Teil 1

1. Pronomen

ich	ek, my	[ɛk], [maj]
du	jy	[jaj]
er	hy	[haj]
sie	sy	[saj]
es	dit	[dit]
wir	ons	[ɔŋs]
ihr	julle	[jullə]
Sie (Sg.)	u	[u]
Sie (pl)	u	[u]
sie	hulle	[hullə]

2. Grüße. Begrüßungen. Verabschiedungen

Hallo! (ugs.)	Hallo!	[hallo!]
Hallo! (Amtsspr.)	Hallo!	[hallo!]
Guten Morgen!	Goeie môre!	[χuje mɔrə!]
Guten Tag!	Goeiemiddag!	[χuje·middaχ!]
Guten Abend!	Goeienaand!	[χuje·nānt!]
grüßen (vi, vt)	dagsê	[daχsɛ:]
Hallo! (ugs.)	Hallo!	[hallo!]
Gruß (m)	groet	[χrut]
begrüßen (vt)	groet	[χrut]
Wie geht's?	Hoe gaan dit?	[hu χān dit?]
Wie geht es Ihnen?	Hoe gaan dit?	[hu χān dit?]
Was gibt es Neues?	Hoe gaan dit?	[hu χān dit?]
Auf Wiedersehen!	Totsiens!	[totsiŋs!]
Wiedersehen! Tschüs!	Koebaai!	[kubāi!]
Bis bald!	Totsiens!	[totsiŋs!]
Lebe wohl!	Mooi loop!	[moj loəp!]
Leben Sie wohl!	Vaarwel!	[fārwel!]
sich verabschieden	afskeid neem	[afskæjt neəm]
Tschüs!	Koebaai!	[kubāi!]
Danke!	Dankie!	[danki!]
Dankeschön!	Baie dankie!	[baje danki!]
Bitte (Antwort)	Plesier	[plesir]
Keine Ursache.	Plesier!	[plesir!]
Nichts zu danken.	Plesier	[plesir]

Entschuldigen Sie!	Verskoon my!	[ferskoən maj!]
Entschuldige!	Ekskuus!	[ɛkskɪs!]
entschuldigen (vt)	verskoon	[ferskoən]

sich entschuldigen	verskoning vra	[ferskonɪŋ fra]
Verzeihung!	Verskoning	[ferskonɪŋ]
Es tut mir leid!	Ek is jammer!	[ɛk is jammər!]
verzeihen (vt)	vergewe	[ferχevə]
Das macht nichts!	Maak nie saak nie!	[māk ni sāk ni!]
bitte (Die Rechnung, ~!)	asseblief	[asseblif]

Nicht vergessen!	Vergeet dit nie!	[ferχeət dit ni!]
Natürlich!	Beslis!	[beslis!]
Natürlich nicht!	Natuurlik nie!	[natɪrlik ni!]
Gut! Okay!	OK!	[okej!]
Es ist genug!	Dis genoeg!	[dis χenuχ!]

3. Grundzahlen. Teil 1

null	nul	[nul]
eins	een	[eən]
zwei	twee	[tweə]
drei	drie	[dri]
vier	vier	[fir]

fünf	vyf	[fajf]
sechs	ses	[ses]
sieben	sewe	[sevə]
acht	ag	[aχ]
neun	nege	[neχə]

zehn	tien	[tin]
elf	elf	[ɛlf]
zwölf	twaalf	[twālf]
dreizehn	dertien	[dertin]
vierzehn	veertien	[feərtin]

fünfzehn	vyftien	[fajftin]
sechzehn	sestien	[sestin]
siebzehn	sewetien	[sevətin]
achtzehn	agtien	[aχtin]
neunzehn	negetien	[neχetin]

zwanzig	twintig	[twintəχ]
einundzwanzig	een-en-twintig	[eən-en-twintəχ]
zweiundzwanzig	twee-en-twintig	[tweə-en-twintəχ]
dreiundzwanzig	drie-en-twintig	[dri-en-twintəχ]

dreißig	dertig	[dertəχ]
einunddreißig	een-en-dertig	[eən-en-dertəχ]
zweiunddreißig	twee-en-dertig	[tweə-en-dertəχ]
dreiunddreißig	drie-en-dertig	[dri-en-dertəχ]
vierzig	veertig	[feərtəχ]
einundvierzig	een-en-veertig	[eən-en-feərtəχ]

| zweiundvierzig | twee-en-veertig | [twee-en-feertəχ] |
| dreiundvierzig | vier-en-veertig | [fir-en-feertəχ] |

fünfzig	vyftig	[fajftəχ]
einundfünfzig	een-en-vyftig	[een-en-fajftəχ]
zweiundfünfzig	twee-en-vyftig	[twee-en-fajftəχ]
dreiundfünfzig	drie-en-vyftig	[dri-en-fajftəχ]

sechzig	sestig	[sestəχ]
einundsechzig	een-en-sestig	[een-en-sestəχ]
zweiundsechzig	twee-en-sestig	[twee-en-sestəχ]
dreiundsechzig	drie-en-sestig	[dri-en-sestəχ]

siebzig	sewentig	[seventəχ]
einundsiebzig	een-en-sewentig	[een-en-seventəχ]
zweiundsiebzig	twee-en-sewentig	[twee-en-seventəχ]
dreiundsiebzig	drie-en-sewentig	[dri-en-seventəχ]

achtzig	tagtig	[taχtəχ]
einundachtzig	een-en-tagtig	[een-en-taχtəχ]
zweiundachtzig	twee-en-tagtig	[twee-en-taχtəχ]
dreiundachtzig	drie-en-tagtig	[dri-en-taχtəχ]

neunzig	negentig	[neχentəχ]
einundneunzig	een-en-negentig	[een-en-neχentəχ]
zweiundneunzig	twee-en-negentig	[twee-en-neχentəχ]
dreiundneunzig	drie-en-negentig	[dri-en-neχentəχ]

4. Grundzahlen. Teil 2

einhundert	honderd	[hondərt]
zweihundert	tweehonderd	[twee·hondərt]
dreihundert	driehonderd	[dri·hondərt]
vierhundert	vierhonderd	[fir·hondərt]
fünfhundert	vyfhonderd	[fajf·hondərt]
sechshundert	seshonderd	[ses·hondərt]
siebenhundert	sewehonderd	[sewe·hondərt]
achthundert	aghonderd	[aχ·hondərt]
neunhundert	negehonderd	[neχe·hondərt]

eintausend	duisend	[dœisent]
zweitausend	tweeduisend	[twee·dœisent]
dreitausend	drieduisend	[dri·dœisent]
zehntausend	tienduisend	[tin·dœisent]
hunderttausend	honderdduisend	[hondərt·dajsent]
Million (f)	miljoen	[miljun]
Milliarde (f)	miljard	[miljart]

5. Zahlen. Brüche

| Bruch (m) | breuk | [brøek] |
| Hälfte (f) | helfte | [hɛlftə] |

| Drittel (n) | derde | [derdə] |
| Viertel (n) | kwart | [kwart] |

Achtel (m, n)	agste	[aχstə]
Zehntel (n)	tiende	[tində]
zwei Drittel	twee derde	[twee derdə]
drei Viertel	driekwart	[drikwart]

6. Zahlen. Grundrechenarten

Subtraktion (f)	aftrekking	[aftrɛkkiŋ]
subtrahieren (vt)	aftrek	[aftrek]
Division (f)	deling	[deliŋ]
dividieren (vt)	deel	[deəl]

Addition (f)	optelling	[optɛlliŋ]
addieren (vt)	optel	[optəl]
hinzufügen (vt)	optel	[optəl]
Multiplikation (f)	vermenigvuldiging	[fermeniχ·fuldəχiŋ]
multiplizieren (vt)	vermenigvuldig	[fermeniχ·fuldəχ]

7. Zahlen. Verschiedenes

Ziffer (f)	syfer	[sajfər]
Zahl (f)	nommer	[nommər]
Zahlwort (n)	telwoord	[tɛlwoərt]

Minus (n)	minusteken	[minus·tekən]
Plus (n)	plusteken	[plus·tekən]
Formel (f)	formule	[formulə]

Berechnung (f)	berekening	[berekeniŋ]
zählen (vt)	tel	[təl]
berechnen (vt)	optel	[optəl]
vergleichen (vt)	vergelyk	[ferχəlajk]

| Wie viel, -e? | Hoeveel? | [hufeəl?] |
| Summe (f) | som, totaal | [som], [totāl] |

| Ergebnis (n) | resultaat | [resultāt] |
| Rest (m) | oorskot | [oərskot] |

| wenig (Adv) | min | [min] |
| einige, ein paar | min | [min] |

| Übrige (n) | die res | [di res] |
| Dutzend (n) | dosyn | [dosajn] |

entzwei (Adv)	middeldeur	[middəldøər]
zu gleichen Teilen	gelyk	[χelajk]
Hälfte (f)	helfte	[hɛlftə]
Mal (n)	maal	[māl]

8. Die wichtigsten Verben. Teil 1

abbiegen (nach links ~)	draai	[drãi]
abschicken (vt)	stuur	[stɯr]
ändern (vt)	verander	[ferandər]
Angst haben	bang wees	[baŋ veəs]
ankommen (vi)	aankom	[ãnkom]
antworten (vi)	antwoord	[antwoərt]
arbeiten (vi)	werk	[verk]
auf … zählen	reken op …	[reken op …]
aufbewahren (vt)	bewaar	[bevãr]
aufschreiben (vt)	opskryf	[opskrajf]
ausgehen (vi)	uitgaan	[œitχãn]
aussprechen (vt)	uitspreek	[œitspreək]
bedauern (vt)	jammer wees	[jammər veəs]
bedeuten (vt)	beteken	[betekən]
beenden (vt)	klaarmaak	[klãrmãk]
befehlen (Milit.)	beveel	[befeəl]
befreien (Stadt usw.)	bevry	[befrajj]
beginnen (vt)	begin	[beχin]
bemerken (vt)	raaksien	[rãksin]
beobachten (vt)	waarneem	[vãrneəm]
berühren (vt)	aanraak	[ãnrãk]
besitzen (vt)	besit	[besit]
besprechen (vt)	bespreek	[bespreək]
bestehen auf	aandring	[ãndriŋ]
bestellen (im Restaurant)	bestel	[bestəl]
bestrafen (vt)	straf	[straf]
beten (vi)	bid	[bit]
bitten (vt)	vra	[fra]
brechen (vt)	breek	[breək]
denken (vi, vt)	dink	[dink]
drohen (vi)	dreig	[dræjχ]
Durst haben	dors wees	[dors veəs]
einladen (vt)	uitnooi	[œitnoj]
einstellen (vt)	ophou	[ophæʊ]
einwenden (vt)	beswaar maak	[beswãr mãk]
empfehlen (vt)	aanbeveel	[ãnbefeəl]
erklären (vt)	verduidelik	[ferdœidəlik]
erlauben (vt)	toestaan	[tustãn]
ermorden (vt)	doodmaak	[doədmãk]
erwähnen (vt)	verwys na	[ferwajs na]
existieren (vi)	bestaan	[bestãn]

9. Die wichtigsten Verben. Teil 2

fallen (vi)	val	[fal]
fallen lassen	laat val	[lãt fal]

fangen (vt)	vang	[faŋ]
finden (vt)	vind	[fint]
fliegen (vi)	vlieg	[fliχ]

folgen (Folge mir!)	volg …	[folχ …]
fortsetzen (vt)	aangaan	[ānχān]
fragen (vt)	vra	[fra]
frühstücken (vi)	ontbyt	[ontbajt]
geben (vt)	gee	[χeə]

gefallen (vi)	hou van	[hæʊ fan]
gehen (zu Fuß gehen)	gaan	[χān]
gehören (vi)	behoort aan …	[behoərt ān …]
graben (vt)	grawe	[χravə]

haben (vt)	hê	[hɛ:]
helfen (vi)	help	[hɛlp]
herabsteigen (vi)	afkom	[afkom]
hereinkommen (vi)	binnegaan	[binnəχān]

hoffen (vi)	hoop	[hoəp]
hören (vt)	hoor	[hoər]
hungrig sein	honger wees	[hoŋər veəs]
informieren (vt)	in kennis stel	[in kɛnnis stəl]
jagen (vi)	jag	[jaχ]

kennen (vt)	ken	[ken]
klagen (vi)	kla	[kla]
können (v mod)	kan	[kan]
kontrollieren (vt)	kontroleer	[kontroleər]
kosten (vt)	kos	[kos]

kränken (vt)	beledig	[beledəχ]
lächeln (vi)	glimlag	[χlimlaχ]
lachen (vi)	lag	[laχ]
laufen (vi)	hardloop	[hardloəp]
leiten (Betrieb usw.)	beheer	[beheər]

lernen (vt)	studeer	[studeər]
lesen (vi, vt)	lees	[leəs]
lieben (vt)	liefhê	[lifhɛ:]
machen (vt)	doen	[dun]

mieten (Haus usw.)	huur	[hɪr]
nehmen (vt)	vat	[fat]
noch einmal sagen	herhaal	[herhāl]
nötig sein	nodig wees	[nodəχ veəs]
öffnen (vt)	oopmaak	[oəpmāk]

10. Die wichtigsten Verben. Teil 3

planen (vt)	beplan	[beplan]
prahlen (vi)	spog	[spoχ]
raten (vt)	aanraai	[ānrāi]

rechnen (vt)	tel	[təl]
reservieren (vt)	bespreek	[bespreək]
retten (vt)	red	[ret]
richtig raten (vt)	raai	[rãi]
rufen (um Hilfe ~)	roep	[rup]
sagen (vt)	sê	[sɛ:]
schaffen (Etwas Neues zu ~)	skep	[skep]
schelten (vt)	uitvaar teen	[œitfãr teən]
schießen (vi)	skiet	[skit]
schmücken (vt)	versier	[fersir]
schreiben (vi, vt)	skryf	[skrajf]
schreien (vi)	skreeu	[skriʊ]
schweigen (vi)	stilbly	[stilblaj]
schwimmen (vi)	swem	[swem]
schwimmen gehen	gaan swem	[χãn swem]
sehen (vi, vt)	sien	[sin]
sein (vi)	wees	[veəs]
sich beeilen	opskud	[opskut]
sich entschuldigen	verskoning vra	[ferskoniŋ fra]
sich interessieren	belangstel in ...	[belaŋstəl in ...]
sich setzen	gaan sit	[χãn sit]
sich weigern	weier	[væejer]
spielen (vi, vt)	speel	[speəl]
sprechen (vi)	praat	[prãt]
staunen (vi)	verbaas wees	[ferbãs veəs]
stehlen (vt)	steel	[steəl]
stoppen (vt)	stilhou	[stilhæʊ]
suchen (vt)	soek ...	[suk ...]

11. Die wichtigsten Verben. Teil 4

täuschen (vt)	bedrieg	[bedrəχ]
teilnehmen (vi)	deelneem	[deəlneəm]
übersetzen (Buch usw.)	vertaal	[fertãl]
unterschätzen (vt)	onderskat	[ondərskat]
unterschreiben (vt)	teken	[tekən]
vereinigen (vt)	verenig	[ferenəχ]
vergessen (vt)	vergeet	[ferχeət]
vergleichen (vt)	vergelyk	[ferχəlajk]
verkaufen (vt)	verkoop	[ferkoəp]
verlangen (vt)	eis	[æejs]
versäumen (vt)	bank	[bank]
versprechen (vt)	beloof	[beloəf]
verstecken (vt)	wegsteek	[veχsteək]
verstehen (vt)	verstaan	[ferstãn]
versuchen (vt)	probeer	[probeər]

verteidigen (vt)	verdedig	[ferdedəχ]
vertrauen (vi)	vertrou	[fertræʊ]
verwechseln (vt)	verwar	[ferwar]
verzeihen (vi, vt)	verskoon	[ferskoən]
verzeihen (vt)	vergewe	[ferχevə]
voraussehen (vt)	voorsien	[foərsin]

vorschlagen (vt)	voorstel	[foərstəl]
vorziehen (vt)	verkies	[ferkis]
wählen (vt)	kies	[kis]
warnen (vt)	waarsku	[vārsku]
warten (vi)	wag	[vaχ]
weinen (vi)	huil	[hœil]

wissen (vt)	weet	[veət]
Witz machen	grappies maak	[χrappis māk]
wollen (vt)	wil	[vil]
zahlen (vt)	betaal	[betāl]
zeigen (jemandem etwas)	wys	[vajs]

zu Abend essen	aandete gebruik	[āndetə χebrœik]
zu Mittag essen	gaan eet	[χān eət]
zubereiten (vt)	kook	[koək]
zustimmen (vi)	saamstem	[sāmstem]
zweifeln (vi)	twyfel	[twajfəl]

12. Farben

Farbe (f)	kleur	[kløər]
Schattierung (f)	skakering	[skakeriŋ]
Farbton (m)	tint	[tint]
Regenbogen (m)	reënboog	[rɛɛn·boəχ]

weiß	wit	[vit]
schwarz	swart	[swart]
grau	grys	[χrajs]

grün	groen	[χrun]
gelb	geel	[χeəl]
rot	rooi	[roj]

blau	blou	[blæʊ]
hellblau	ligblou	[liχ·blæʊ]
rosa	pienk	[pink]
orange	oranje	[oranje]
violett	pers	[pers]
braun	bruin	[brœin]

golden	goue	[χæʊə]
silbrig	silweragtig	[silweraχtəχ]

beige	beige	[bɛːiʒ]
cremefarben	roomkleurig	[roəm·kløərəχ]
türkis	turkoois	[turkojs]

kirschrot	kersierooi	[kersi·roj]
lila	lila	[lila]
himbeerrot	karmosyn	[karmosajn]

hell	lig	[liχ]
dunkel	donker	[donkər]
grell	helder	[hɛldər]

Farb- (z.B. -stifte)	kleurig	[kløərəχ]
Farb- (z.B. -film)	kleur	[kløər]
schwarz-weiß	swart-wit	[swart-wit]
einfarbig	effe	[ɛffə]
bunt	veelkleurig	[feəlkløərəχ]

13. Fragen

Wer?	Wie?	[vi?]
Was?	Wat?	[vat?]
Wo?	Waar?	[vār?]
Wohin?	Waarheen?	[vārheən?]
Woher?	Waarvandaan?	[vārfandān?]
Wann?	Wanneer?	[vanneər?]
Wozu?	Hoekom?	[hukom?]
Warum?	Hoekom?	[hukom?]

Wofür?	Vir wat?	[fir vat?]
Wie?	Hoe?	[hu?]
Welcher?	Watter?	[vattər?]

Wem?	Vir wie?	[fir vi?]
Über wen?	Oor wie?	[oər vi?]
Wovon? (~ sprichst du?)	Oor wat?	[oər vat?]
Mit wem?	Met wie?	[met vi?]
Wie viel? Wie viele?	Hoeveel?	[hufeəl?]

14. Funktionswörter. Adverbien. Teil 1

Wo?	Waar?	[vār?]
hier	hier	[hir]
dort	daar	[dār]

| irgendwo | êrens | [ærɛŋs] |
| nirgends | nêrens | [nærɛŋs] |

| an (bei) | by | [baj] |
| am Fenster | by | [baj] |

Wohin?	Waarheen?	[vārheən?]
hierher	hier	[hir]
dahin	soontoe	[soentu]
von hier	hiervandaan	[hirfandān]
von da	daarvandaan	[dārfandān]

| nah (Adv) | naby | [nabaj] |
| weit, fern (Adv) | ver | [fer] |

in der Nähe von …	naby	[nabaj]
in der Nähe	naby	[nabaj]
unweit (~ unseres Hotels)	nie ver nie	[ni fər ni]

link (Adj)	linker-	[linkər-]
links (Adv)	op linkerhand	[op linkərhant]
nach links	na links	[na links]

recht (Adj)	regter	[reχtər]
rechts (Adv)	op regterhand	[op reχtərhant]
nach rechts	na regs	[na reχs]

vorne (Adv)	voor	[foər]
Vorder-	voorste	[foərstə]
vorwärts	vooruit	[foərœit]

hinten (Adv)	agter	[aχtər]
von hinten	van agter	[fan aχtər]
rückwärts (Adv)	agtertoe	[aχtərtu]

| Mitte (f) | middel | [middəl] |
| in der Mitte | in die middel | [in di middəl] |

seitlich (Adv)	op die sykant	[op di sajkant]
überall (Adv)	orals	[orals]
ringsherum (Adv)	orals rond	[orals ront]

von innen (Adv)	van binne	[fan binnə]
irgendwohin (Adv)	êrens	[ærɛŋs]
geradeaus (Adv)	reguit	[reχœit]
zurück (Adv)	terug	[teruχ]

| irgendwoher (Adv) | êrens vandaan | [ærɛŋs fandān] |
| von irgendwo (Adv) | êrens vandaan | [ærɛŋs fandān] |

erstens	in die eerste plek	[in di eərstə plek]
zweitens	in die tweede plek	[in di tweedə plek]
drittens	in die derde plek	[in di derdə plek]

plötzlich (Adv)	skielik	[skilik]
zuerst (Adv)	aan die begin	[ān di beχin]
zum ersten Mal	vir die eerste keer	[fir di eərstə keər]
lange vor…	lank voordat …	[lank foərdat …]
von Anfang an	opnuut	[opnɪt]
für immer	vir goed	[fir χut]

nie (Adv)	nooit	[nojt]
wieder (Adv)	weer	[veər]
jetzt (Adv)	nou	[næʊ]
oft (Adv)	dikwels	[dikwɛls]
damals (Adv)	toe	[tu]
dringend (Adv)	dringend	[driŋəŋ]
gewöhnlich (Adv)	gewoonlik	[χevoənlik]

übrigens, …	terloops, …	[terloəps], […]
möglicherweise (Adv)	moontlik	[moentlik]
wahrscheinlich (Adv)	waarskynlik	[vārskajnlik]
vielleicht (Adv)	dalk	[dalk]
außerdem …	trouens …	[træʋɛŋs …]
deshalb …	dis hoekom …	[dis hukom …]
trotz …	ondanks …	[ondanks …]
dank …	danksy …	[danksaj …]

was (~ ist denn?)	wat	[vat]
das (~ ist alles)	dat	[dat]
etwas	iets	[its]
irgendwas	iets	[its]
nichts	niks	[niks]

wer (~ ist ~?)	wie	[vi]
jemand	iemand	[imant]
irgendwer	iemand	[imant]

niemand	niemand	[nimant]
nirgends	nêrens	[nærɛŋs]
niemandes (~ Eigentum)	niemand se	[nimant sə]
jemandes	iemand se	[imant sə]

so (derart)	so	[so]
auch	ook	[oək]
ebenfalls	ook	[oək]

15. Funktionswörter. Adverbien. Teil 2

| Warum? | Waarom? | [vārom?] |
| weil … | omdat … | [omdat …] |

und	en	[ɛn]
oder	of	[of]
aber	maar	[mār]
für (präp)	vir	[fir]

zu (~ viele)	te	[te]
nur (~ einmal)	net	[net]
genau (Adv)	presies	[presis]
etwa	ongeveer	[onχəfeər]

ungefähr (Adv)	ongeveer	[onχəfeər]
ungefähr (Adj)	geraamde	[χerāmdə]
fast	amper	[ampər]
Übrige (n)	die res	[di res]

der andere	die ander	[di andər]
andere	ander	[andər]
jeder (~ Mann)	elke	[ɛlkə]
beliebig (Adj)	enige	[ɛniχə]
viel	baie	[bajə]
viele Menschen	baie mense	[baje mɛŋsə]

alle (wir ~)	almal	[almal]
im Austausch gegen ...	in ruil vir ...	[in rœil fir ...]
dafür (Adv)	as vergoeding	[as ferχudiŋ]
mit der Hand (Hand-)	met die hand	[met di hant]
schwerlich (Adv)	skaars	[skārs]

wahrscheinlich (Adv)	waarskynlik	[vārskajnlik]
absichtlich (Adv)	opsetlik	[opsetlik]
zufällig (Adv)	toevallig	[tufalləχ]

sehr (Adv)	baie	[baje]
zum Beispiel	byvoorbeeld	[bajfoərbeəlt]
zwischen	tussen	[tussən]
unter (Wir sind ~ Mördern)	tussen	[tussən]
so viele (~ Ideen)	so baie	[so baje]
besonders (Adv)	veral	[feral]

Grundbegriffe. Teil 2

16. Wochentage

Montag (m)	Maandag	[mãndaχ]
Dienstag (m)	Dinsdag	[dinsdaχ]
Mittwoch (m)	Woensdag	[voɛŋsdaχ]
Donnerstag (m)	Donderdag	[dondərdaχ]
Freitag (m)	Vrydag	[frajdaχ]
Samstag (m)	Saterdag	[satərdaχ]
Sonntag (m)	Sondag	[sondaχ]
heute	vandag	[fandaχ]
morgen	môre	[mɔrə]
übermorgen	oormôre	[oərmɔrə]
gestern	gister	[χistər]
vorgestern	eergister	[eərχistər]
Tag (m)	dag	[daχ]
Arbeitstag (m)	werksdag	[verks·daχ]
Feiertag (m)	openbare vakansiedag	[openbarə fakaŋsi·daχ]
freier Tag (m)	verlofdag	[ferlofdaχ]
Wochenende (n)	naweek	[naveək]
den ganzen Tag	die hele dag	[di helə daχ]
am nächsten Tag	die volgende dag	[di folχendə daχ]
zwei Tage vorher	twee dae gelede	[tweə daə χeledə]
am Vortag	die dag voor	[di daχ foər]
täglich (Adj)	daeliks	[daəliks]
täglich (Adv)	elke dag	[ɛlkə daχ]
Woche (f)	week	[veək]
letzte Woche	laas week	[lãs veək]
nächste Woche	volgende week	[folχendə veək]
wöchentlich (Adj)	weekliks	[veəkliks]
wöchentlich (Adv)	weekliks	[veəkliks]
jeden Dienstag	elke Dinsdag	[ɛlkə dinsdaχ]

17. Stunden. Tag und Nacht

Morgen (m)	oggend	[oχent]
morgens	soggens	[soχɛŋs]
Mittag (m)	middag	[middaχ]
nachmittags	in die namiddag	[in di namiddaχ]
Abend (m)	aand	[ãnt]
abends	saans	[sãŋs]
Nacht (f)	nag	[naχ]

| nachts | snags | [snaχs] |
| Mitternacht (f) | middernag | [middərnaχ] |

Sekunde (f)	sekonde	[sekondə]
Minute (f)	minuut	[minɪt]
Stunde (f)	uur	[ɪr]
eine halbe Stunde	n halfuur	[n halfɪr]
fünfzehn Minuten	vyftien minute	[fajftin minutə]
Tag und Nacht	24 ure	[fir-en-twintəχ urə]

Sonnenaufgang (m)	sonop	[son·op]
Morgendämmerung (f)	daeraad	[daerãt]
früher Morgen (m)	elke oggend	[ɛlkə oχent]
Sonnenuntergang (m)	sononder	[son·ondər]

früh am Morgen	vroegdag	[fruχdaχ]
heute Morgen	vanmôre	[fanmɔrə]
morgen früh	môreoggend	[mɔrə·oχent]

heute Mittag	vanmiddag	[fanmiddaχ]
nachmittags	in die namiddag	[in di namiddaχ]
morgen Nachmittag	môremiddag	[mɔrə·middaχ]

| heute Abend | vanaand | [fanãnt] |
| morgen Abend | môreaand | [mɔrə·ãnt] |

Punkt drei Uhr	klokslag 3 uur	[klokslaχ dri ɪr]
gegen vier Uhr	omstreeks 4 uur	[omstreəks fir ɪr]
um zwölf Uhr	teen 12 uur	[teən twalf ɪr]

| in zwanzig Minuten | oor twintig minute | [oər twintəχ minutə] |
| rechtzeitig (Adv) | betyds | [betajds] |

Viertel vor …	kwart voor …	[kwart foər …]
alle fünfzehn Minuten	elke 15 minute	[ɛlkə fajftin minutə]
Tag und Nacht	24 uur per dag	[fir-en-twintəχ pər daχ]

18. Monate. Jahreszeiten

Januar (m)	Januarie	[januari]
Februar (m)	Februarie	[februari]
März (m)	Maart	[mãrt]
April (m)	April	[april]
Mai (m)	Mei	[mæj]
Juni (m)	Junie	[juni]

Juli (m)	Julie	[juli]
August (m)	Augustus	[ɔuχustus]
September (m)	September	[septembər]
Oktober (m)	Oktober	[oktobər]
November (m)	November	[nofembər]
Dezember (m)	Desember	[desembər]
Frühling (m)	lente	[lentə]
im Frühling	in die lente	[in di lentə]

Frühlings-	lente-	[lente-]
Sommer (m)	somer	[somər]
im Sommer	in die somer	[in di somər]
Sommer-	somerse	[somersə]

Herbst (m)	herfs	[herfs]
im Herbst	in die herfs	[in di herfs]
Herbst-	herfsagtige	[herfsaχtiχə]

Winter (m)	winter	[vintər]
im Winter	in die winter	[in di vintər]
Winter-	winter-	[vintər-]

Monat (m)	maand	[mānt]
in diesem Monat	hierdie maand	[hirdi mānt]
nächsten Monat	volgende maand	[folχendə mānt]
letzten Monat	laasmaand	[lāsmānt]
in zwei Monaten	oor twe maande	[oər twə māndə]

monatlich (Adj)	maandeliks	[māndəliks]
monatlich (Adv)	maandeliks	[māndəliks]
jeden Monat	elke maand	[ɛlkə mānt]

Jahr (n)	jaar	[jār]
dieses Jahr	hierdie jaar	[hirdi jār]
nächstes Jahr	volgende jaar	[folχendə jār]
voriges Jahr	laasjaar	[lāʃār]
in zwei Jahren	binne twee jaar	[binnə tweə jār]

jedes Jahr	elke jaar	[ɛlkə jār]
jährlich (Adj)	jaarliks	[jārliks]
jährlich (Adv)	jaarliks	[jārliks]
viermal pro Jahr	4 keer per jaar	[fir keər pər jār]

Datum (heutige ~)	datum	[datum]
Datum (Geburts-)	datum	[datum]
Kalender (m)	kalender	[kalendər]

Halbjahr (n)	ses maande	[ses māndə]
Saison (f)	seisoen	[sæjsun]
Jahrhundert (n)	eeu	[iʊ]

19. Zeit. Verschiedenes

Zeit (f)	tyd	[tajt]
Augenblick (m)	moment	[moment]
Moment (m)	oomblik	[oəmblik]
augenblicklich (Adj)	oombliklik	[oəmbliklik]
Zeitspanne (f)	tydbestek	[tajdbestək]
Leben (n)	lewe	[levə]
Ewigkeit (f)	ewigheid	[ɛviχæjt]

Epoche (f)	tydperk	[tajtperk]
Ära (f)	tydperk	[tajtperk]

Zyklus (m)	siklus	[siklus]
Periode (f)	periode	[periodə]
Frist (äußerste ~)	termyn	[termajn]

Zukunft (f)	die toekoms	[di tukoms]
zukünftig (Adj)	toekomstig	[tukomstəχ]
nächstes Mal	die volgende keer	[di folχendə keər]
Vergangenheit (f)	die verlede	[di ferledə]
vorig (Adj)	laas-	[lās-]
letztes Mal	die vorige keer	[di foriχə keər]

später (Adv)	later	[latər]
danach	na	[na]
zur Zeit	deesdae	[deəsdaə]
jetzt	nou	[næʊ]
sofort	onmiddellik	[onmiddɛllik]
bald	gou	[χæʊ]
im Voraus	by voorbaat	[baj foərbāt]

lange her	lank gelede	[lank χeledə]
vor kurzem	onlangs	[onlaŋs]
Schicksal (n)	noodlot	[noədlot]
Erinnerungen (pl)	herinneringe	[herinneriŋə]
Archiv (n)	argiewe	[arχivə]

während ...	gedurende ...	[χedurendə ...]
lange (Adv)	lank	[lank]
nicht lange (Adv)	nie lank nie	[ni lank ni]
früh (~ am Morgen)	vroeg	[fruχ]
spät (Adv)	laat	[lāt]

für immer	vir altyd	[fir altajt]
beginnen (vt)	begin	[beχin]
verschieben (vt)	uitstel	[œitstəl]

gleichzeitig	tegelykertyd	[teχelajkertajt]
ständig (Adv)	permanent	[permanent]
konstant (Adj)	voortdurend	[foərtdurent]
zeitweilig (Adj)	tydelik	[tajdelik]

manchmal	soms	[soms]
selten (Adv)	selde	[sɛldə]
oft	dikwels	[dikwɛls]

20. Gegenteile

reich (Adj)	ryk	[rajk]
arm (Adj)	arm	[arm]

krank (Adj)	siek	[sik]
gesund (Adj)	gesond	[χesont]

groß (Adj)	groot	[χroət]
klein (Adj)	klein	[klæjn]

schnell (Adv)	vinnig	[finnəχ]
langsam (Adv)	stadig	[stadəχ]
schnell (Adj)	vinnig	[finnəχ]
langsam (Adj)	stadig	[stadəχ]
froh (Adj)	bly	[blaj]
traurig (Adj)	droewig	[druvəχ]
zusammen	saam	[sām]
getrennt (Adv)	afsonderlik	[afsondərlik]
laut (~ lesen)	hardop	[hardop]
still (~ lesen)	stil	[stil]
hoch (Adj)	groot	[χroət]
niedrig (Adj)	laag	[lāχ]
tief (Adj)	diep	[dip]
flach (Adj)	vlak	[flak]
ja	ja	[ja]
nein	nee	[neə]
fern (Adj)	ver	[fer]
nah (Adj)	naby	[nabaj]
weit (Adv)	ver	[fer]
nebenan (Adv)	naby	[nabaj]
lang (Adj)	lang	[laŋ]
kurz (Adj)	kort	[kort]
gut (gütig)	vriendelik	[frindəlik]
böse (der ~ Geist)	boos	[boəs]
verheiratet (Ehemann)	getroud	[χetræʊt]
ledig (Adj)	ongetroud	[onχətræʊt]
verbieten (vt)	verbied	[ferbit]
erlauben (vt)	toestaan	[tustān]
Ende (n)	einde	[æjndə]
Anfang (m)	begin	[beχin]
link (Adj)	linker-	[linkər-]
recht (Adj)	regter	[reχtər]
der erste	eerste	[eərstə]
der letzte	laaste	[lāstə]
Verbrechen (n)	misdaad	[misdāt]
Bestrafung (f)	straf	[straf]
befehlen (vt)	beveel	[befeəl]
gehorchen (vi)	gehoorsaam	[χehoərsām]

| gerade (Adj) | reguit | [reχœit] |
| krumm (Adj) | krom | [krom] |

| Paradies (n) | paradys | [paradajs] |
| Hölle (f) | hel | [həl] |

| geboren sein | gebore word | [χeborə vort] |
| sterben (vi) | doodgaan | [doədχān] |

| stark (Adj) | sterk | [sterk] |
| schwach (Adj) | swak | [swak] |

| alt | oud | [æʊt] |
| jung (Adj) | jong | [joŋ] |

| alt (Adj) | ou | [æʊ] |
| neu (Adj) | nuwe | [nuvə] |

| hart (Adj) | hard | [hart] |
| weich (Adj) | sag | [saχ] |

| warm (Adj) | warm | [varm] |
| kalt (Adj) | koud | [kæʊt] |

| dick (Adj) | vet | [fet] |
| mager (Adj) | dun | [dun] |

| eng (Adj) | smal | [smal] |
| breit (Adj) | wyd | [vajt] |

| gut (Adj) | goed | [χut] |
| schlecht (Adj) | sleg | [sleχ] |

| tapfer (Adj) | dapper | [dappər] |
| feige (Adj) | lafhartig | [lafhartəχ] |

21. Linien und Formen

Quadrat (n)	vierkant	[firkant]
quadratisch	vierkantig	[firkantəχ]
Kreis (m)	sirkel	[sirkəl]
rund	rond	[ront]
Dreieck (n)	driehoek	[drihuk]
dreieckig	driehoekig	[drihukəχ]

Oval (n)	ovaal	[ofāl]
oval	ovaal	[ofāl]
Rechteck (n)	reghoek	[reχhuk]
rechteckig	reghoekig	[reχhukəχ]

Pyramide (f)	piramide	[piramidə]
Rhombus (m)	ruit	[rœit]
Trapez (n)	trapesoïed	[trapesoïet]
Würfel (m)	kubus	[kubus]

Prisma (n)	prisma	[prisma]
Kreis (m)	omtrek	[omtrək]
Sphäre (f)	sfeer	[sfeər]
Kugel (f)	bal	[bal]
Durchmesser (m)	diameter	[diametər]
Radius (m)	straal	[strāl]
Umfang (m)	omtrek	[omtrək]
Zentrum (n)	sentrum	[sentrum]

waagerecht (Adj)	horisontaal	[horisontāl]
senkrecht (Adj)	vertikaal	[fertikāl]
Parallele (f)	parallel	[parallǝl]
parallel (Adj)	parallel	[parallǝl]

Linie (f)	lyn	[lajn]
Strich (m)	haal	[hāl]
Gerade (f)	regte lyn	[reχtə lajn]
Kurve (f)	krom	[krom]
dünn (schmal)	dun	[dun]
Kontur (f)	omtrek	[omtrək]

Schnittpunkt (m)	snypunt	[snaj·punt]
rechter Winkel (m)	regte hoek	[reχtə huk]
Segment (n)	segment	[seχment]
Sektor (m)	sektor	[sektor]
Seite (f)	sy	[saj]
Winkel (m)	hoek	[huk]

22. Maßeinheiten

Gewicht (n)	gewig	[χevəχ]
Länge (f)	lengte	[leŋtə]
Breite (f)	breedte	[breedtə]
Höhe (f)	hoogte	[hoəχtə]
Tiefe (f)	diepte	[diptə]
Volumen (n)	volume	[folumə]
Fläche (f)	area	[area]

Gramm (n)	gram	[χram]
Milligramm (n)	milligram	[milliχram]
Kilo (n)	kilogram	[kiloχram]
Tonne (f)	ton	[ton]
Pfund (n)	pond	[pont]
Unze (f)	ons	[ɔŋs]

Meter (m)	meter	[metər]
Millimeter (m)	millimeter	[millimetər]
Zentimeter (m)	sentimeter	[sentimetər]
Kilometer (m)	kilometer	[kilometər]
Meile (f)	myl	[majl]

Zoll (m)	duim	[dœim]
Fuß (m)	voet	[fut]
Yard (n)	jaart	[jārt]

| Quadratmeter (m) | vierkante meter | [firkantə metər] |
| Hektar (n) | hektaar | [hektãr] |

Liter (m)	liter	[litər]
Grad (m)	graad	[χrãt]
Volt (n)	volt	[folt]
Ampere (n)	ampère	[ampɛːr]
Pferdestärke (f)	perdekrag	[perdə·kraχ]

Anzahl (f)	hoeveelheid	[hufeəlhæjt]
Hälfte (f)	helfte	[hɛlftə]
Dutzend (n)	dosyn	[dosajn]
Stück (n)	stuk	[stuk]

| Größe (f) | grootte | [χroəttə] |
| Maßstab (m) | skaal | [skãl] |

minimal (Adj)	minimaal	[minimãl]
der kleinste	die kleinste	[di klæjnstə]
mittler, mittel-	medium	[medium]
maximal (Adj)	maksimaal	[maksimãl]
der größte	die grootste	[di χroətstə]

23. Behälter

Glas (Einmachglas)	glaspot	[χlas·pot]
Dose (z.B. Bierdose)	blikkie	[blikki]
Eimer (m)	emmer	[ɛmmər]
Fass (n), Tonne (f)	drom	[drom]

Waschschüssel (n)	wasbak	[vas·bak]
Tank (m)	tenk	[tɛnk]
Flachmann (m)	heupfles	[høəp·fles]
Kanister (m)	petrolblik	[petrol·blik]
Zisterne (f)	tenk	[tɛnk]

Kaffeebecher (m)	beker	[bekər]
Tasse (f)	koppie	[koppi]
Untertasse (f)	piering	[piriŋ]
Wasserglas (n)	glas	[χlas]
Weinglas (n)	wynglas	[vajn·χlas]
Kochtopf (m)	soppot	[sop·pot]

| Flasche (f) | bottel | [bottəl] |
| Flaschenhals (m) | nek | [nek] |

Karaffe (f)	kraffie	[kraffi]
Tonkrug (m)	kruik	[krœik]
Gefäß (n)	houer	[hæʊər]
Tontopf (m)	pot	[pot]
Vase (f)	vaas	[fãs]

| Flakon (n) | bottel | [bottəl] |
| Fläschchen (n) | botteltjie | [bottɛlki] |

Tube (z.B. Zahnpasta)	buisie	[bœisi]
Sack (~ Kartoffeln)	sak	[sak]
Tüte (z.B. Plastiktüte)	sak	[sak]
Schachtel (f)	pakkie	[pakki]
(z.B. Zigaretten~)		

Karton (z.B. Schuhkarton)	kartondoos	[karton·doəs]
Kiste (z.B. Bananenkiste)	krat	[krat]
Korb (m)	mandjie	[mandʒi]

24. Werkstoffe

Stoff (z.B. Baustoffe)	boustof	[bæʊstof]
Holz (n)	hout	[hæʊt]
hölzern	hout-	[hæʊt-]

| Glas (n) | glas | [χlas] |
| gläsern, Glas- | glas- | [χlas-] |

| Stein (m) | klip | [klip] |
| steinern | klip- | [klip-] |

| Kunststoff (m) | plastiek | [plastik] |
| Kunststoff- | plastiek- | [plastik-] |

Gummi (n)	rubber	[rubbər]
Gummi-	rubber-	[rubbər-]
Stoff (m)	materiaal	[materiāl]
aus Stoff	materiaal-	[materiāl-]

| Papier (n) | papier | [papir] |
| Papier- | papier- | [papir-] |

| Pappe (f) | karton | [karton] |
| Pappen- | karton- | [karton-] |

Polyäthylen (n)	politeen	[politeən]
Zellophan (n)	sellofaan	[sɛllofān]
Linoleum (n)	linoleum	[linoləəm]
Furnier (n)	laaghout	[lāχhæʊt]

Porzellan (n)	porselein	[porselæjn]
aus Porzellan	porselein-	[porselæjn-]
Ton (m)	klei	[klæj]
Ton-	klei-	[klæj-]
Keramik (f)	keramiek	[keramik]
keramisch	keramiek-	[keramik-]

25. Metalle

| Metall (n) | metaal | [metāl] |
| metallisch, Metall- | metaal- | [metāl-] |

Legierung (f)	allooi	[alloj]
Gold (n)	goud	[χæʊt]
golden	goue	[χæʊə]
Silber (n)	silwer	[silwər]
silbern, Silber-	silwer-	[silwər-]

Eisen (n)	yster	[ajstər]
eisern, Eisen-	yster-	[ajstər-]
Stahl (m)	staal	[stāl]
stählern	staal-	[stāl-]
Kupfer (n)	koper	[kopər]
kupfern, Kupfer-	koper-	[kopər-]

Aluminium (n)	aluminium	[aluminium]
Aluminium-	aluminium-	[aluminium-]
Bronze (f)	brons	[brɔŋs]
bronzen	brons-	[brɔŋs-]

Messing (n)	geelkoper	[χeəl·kopər]
Nickel (n)	nikkel	[nikkəl]
Platin (n)	platinum	[platinum]
Quecksilber (n)	kwik	[kwik]
Zinn (n)	tin	[tin]
Blei (n)	lood	[loət]
Zink (n)	sink	[sink]

DER MENSCH

Der Mensch. Körper

26. Menschen. Grundbegriffe

Mensch (m)	mens	[mɛŋs]
Mann (m)	man	[man]
Frau (f)	vrou	[fræʊ]
Kind (n)	kind	[kint]
Mädchen (n)	meisie	[mæjsi]
Junge (m)	seun	[søən]
Teenager (m)	tiener	[tinər]
Greis (m)	ou man	[æʊ man]
alte Frau (f)	ou vrou	[æʊ fræʊ]

27. Anatomie des Menschen

Organismus (m)	organisme	[orχanismə]
Herz (n)	hart	[hart]
Blut (n)	bloed	[blut]
Arterie (f)	slagaar	[slaχãr]
Vene (f)	aar	[ãr]
Gehirn (n)	brein	[bræjn]
Nerv (m)	senuwee	[senuveə]
Nerven (pl)	senuwees	[senuveəs]
Wirbel (m)	rugwerwels	[ruχ·werwɛls]
Wirbelsäule (f)	ruggraat	[ruχ·χrãt]
Magen (m)	maag	[mãχ]
Gedärm (n)	ingewande	[inχəwandə]
Darm (z.B. Dickdarm)	derm	[derm]
Leber (f)	lewer	[levər]
Niere (f)	nier	[nir]
Knochen (m)	been	[beən]
Skelett (n)	geraamte	[χerãmtə]
Rippe (f)	rib	[rip]
Schädel (m)	skedel	[skedəl]
Muskel (m)	spier	[spir]
Bizeps (m)	biseps	[biseps]
Trizeps (m)	triseps	[triseps]
Sehne (f)	sening	[seniŋ]
Gelenk (n)	gewrig	[χevrəχ]

Lungen (pl)	longe	[loŋə]
Geschlechtsorgane (pl)	geslagsorgane	[χeslaχs·orχanə]
Haut (f)	vel	[fəl]

28. Kopf

Kopf (m)	kop	[kop]
Gesicht (n)	gesig	[χesəχ]
Nase (f)	neus	[nøəs]
Mund (m)	mond	[mont]

Auge (n)	oog	[oəχ]
Augen (pl)	oë	[oɛ]
Pupille (f)	pupil	[pupil]
Augenbraue (f)	wenkbrou	[vɛnk·bræʊ]
Wimper (f)	ooghaar	[oəχ·hār]
Augenlid (n)	ooglid	[oəχ·lit]

Zunge (f)	tong	[toŋ]
Zahn (m)	tand	[tant]
Lippen (pl)	lippe	[lippə]
Backenknochen (pl)	wangbene	[vaŋ·benə]
Zahnfleisch (n)	tandvleis	[tand·flæjs]
Gaumen (m)	verhemelte	[fer·hemɛltə]

Nasenlöcher (pl)	neusgate	[nøəsχatə]
Kinn (n)	ken	[ken]
Kiefer (m)	kakebeen	[kakebeən]
Wange (f)	wang	[vaŋ]

Stirn (f)	voorhoof	[foərhoəf]
Schläfe (f)	slaap	[slāp]
Ohr (n)	oor	[oər]
Nacken (m)	agterkop	[aχtərkop]
Hals (m)	nek	[nek]
Kehle (f)	keel	[keəl]

Haare (pl)	haar	[hār]
Frisur (f)	kapsel	[kapsəl]
Haarschnitt (m)	haarstyl	[hārstajl]
Perücke (f)	pruik	[prœik]

Schnurrbart (m)	snor	[snor]
Bart (m)	baard	[bārt]
haben (einen Bart ~)	dra	[dra]
Zopf (m)	vlegsel	[fleχsəl]
Backenbart (m)	bakkebaarde	[bakkebārdə]

rothaarig	rooiharig	[roj·harəχ]
grau	grys	[χrajs]
kahl	kaal	[kāl]
Glatze (f)	kaal plek	[kāl plek]
Pferdeschwanz (m)	poniestert	[poni·stert]
Pony (Ponyfrisur)	gordyntjiekapsel	[χordajnki·kapsəl]

29. Menschlicher Körper

Hand (f)	hand	[hant]
Arm (m)	arm	[arm]

Finger (m)	vinger	[fiŋər]
Zehe (f)	toon	[toən]
Daumen (m)	duim	[dœim]
kleiner Finger (m)	pinkie	[pinki]
Nagel (m)	nael	[naəl]

Faust (f)	vuis	[fœis]
Handfläche (f)	palm	[palm]
Handgelenk (n)	pols	[pols]
Unterarm (m)	voorarm	[foərarm]
Ellbogen (m)	elmboog	[ɛlmboəχ]
Schulter (f)	skouer	[skæʊər]

Bein (n)	been	[beən]
Fuß (m)	voet	[fut]
Knie (n)	knie	[kni]
Wade (f)	kuit	[kœit]
Hüfte (f)	heup	[høəp]
Ferse (f)	hakskeen	[hak·skeən]

Körper (m)	liggaam	[liχχãm]
Bauch (m)	maag	[mãχ]
Brust (f)	bors	[bors]
Busen (m)	bors	[bors]
Seite (f), Flanke (f)	sy	[saj]
Rücken (m)	rug	[ruχ]
Kreuz (n)	lae rug	[laə ruχ]
Taille (f)	middel	[middəl]

Nabel (m)	naeltjie	[naɛlki]
Gesäßbacken (pl)	boude	[bæʊdə]
Hinterteil (n)	sitvlak	[sitflak]

Leberfleck (m)	moesie	[musi]
Muttermal (n)	moedervlek	[mudər·flek]
Tätowierung (f)	tatoe	[tatu]
Narbe (f)	litteken	[littekən]

Kleidung & Accessoires

30. Oberbekleidung. Mäntel

Kleidung (f)	klere	[klerə]
Oberkleidung (f)	oorklere	[oərklerə]
Winterkleidung (f)	winterklere	[vintər·klerə]
Mantel (m)	jas	[jas]
Pelzmantel (m)	pelsjas	[pelʃas]
Pelzjacke (f)	kort pelsjas	[kort pelʃas]
Daunenjacke (f)	donsjas	[donʃas]
Jacke (z.B. Lederjacke)	baadjie	[bādʒi]
Regenmantel (m)	reënjas	[reɛnjas]
wasserdicht	waterdig	[vatərdəχ]

31. Herren- & Damenbekleidung

Hemd (n)	hemp	[hemp]
Hose (f)	broek	[bruk]
Jeans (pl)	denimbroek	[denim·bruk]
Jackett (n)	baadjie	[bādʒi]
Anzug (m)	pak	[pak]
Damenkleid (n)	rok	[rok]
Rock (m)	romp	[romp]
Bluse (f)	bloes	[blus]
Strickjacke (f)	gebreide baadjie	[χebræjdə bādʒi]
Jacke (Damen Kostüm)	baadjie	[bādʒi]
T-Shirt (n)	T-hemp	[te-hemp]
Shorts (pl)	kortbroek	[kort·bruk]
Sportanzug (m)	sweetpak	[sweət·pak]
Bademantel (m)	badjas	[batjas]
Schlafanzug (m)	pajama	[pajama]
Sweater (m)	trui	[trœi]
Pullover (m)	trui	[trœi]
Weste (f)	onderbaadjie	[ondər·bādʒi]
Frack (m)	swaelstertbaadjie	[swaɛlstert·bādʒi]
Smoking (m)	aandpak	[āntpak]
Uniform (f)	uniform	[uniform]
Arbeitskleidung (f)	werksklere	[verks·klerə]
Overall (m)	oorpak	[oərpak]
Kittel (z.B. Arztkittel)	jas	[jas]

37

32. Kleidung. Unterwäsche

Unterwäsche (f)	onderklere	[ondərklerə]
Herrenslip (m)	onderbroek	[ondərbruk]
Damenslip (m)	onderbroek	[ondərbruk]
Unterhemd (n)	frokkie	[frokki]
Socken (pl)	sokkies	[sokkis]
Nachthemd (n)	nagrok	[naχrok]
Büstenhalter (m)	bra	[bra]
Kniestrümpfe (pl)	kniekouse	[kni·kæʊsə]
Strumpfhose (f)	kousbroek	[kæʊsbruk]
Strümpfe (pl)	kouse	[kæʊsə]
Badeanzug (m)	baaikostuum	[bāj·kostɪm]

33. Kopfbekleidung

Mütze (f)	hoed	[hut]
Filzhut (m)	hoed	[hut]
Baseballkappe (f)	bofbalpet	[bofbal·pet]
Schiebermütze (f)	pet	[pet]
Baskenmütze (f)	mus	[mus]
Kapuze (f)	kap	[kap]
Panamahut (m)	panamahoed	[panama·hut]
Strickmütze (f)	gebreide mus	[χebræjdə mus]
Kopftuch (n)	kopdoek	[kopduk]
Damenhut (m)	dameshoed	[dames·hut]
Schutzhelm (m)	veiligheidshelm	[fæjliχæjts·hɛlm]
Feldmütze (f)	mus	[mus]
Helm (z.B. Motorradhelm)	helmet	[hɛlmet]
Melone (f)	bolhoed	[bolhut]
Zylinder (m)	hoëhoed	[hoɛhut]

34. Schuhwerk

Schuhe (pl)	skoeisel	[skuisəl]
Stiefeletten (pl)	mansskoene	[maŋs·skunə]
Halbschuhe (pl)	damesskoene	[dames·skunə]
Stiefel (pl)	laarse	[lārsə]
Hausschuhe (pl)	pantoffels	[pantoffəls]
Tennisschuhe (pl)	tenniskoene	[tɛnnis·skunə]
Leinenschuhe (pl)	tekkies	[tɛkkis]
Sandalen (pl)	sandale	[sandalə]
Schuster (m)	skoenmaker	[skun·makər]
Absatz (m)	hak	[hak]

Paar (n)	paar	[pãr]
Schnürsenkel (m)	skoenveter	[skun·fetər]
schnüren (vt)	ryg	[rajχ]
Schuhlöffel (m)	skoenlepel	[skun·lepəl]
Schuhcreme (f)	skoenpolitoer	[skun·politur]

35. Textilien. Stoffe

Baumwolle (f)	katoen	[katun]
Baumwolle-	katoen-	[katun-]
Leinen (m)	vlas	[flas]
Leinen-	vlas-	[flas-]

Seide (f)	sy	[saj]
Seiden-	sy-	[saj-]
Wolle (f)	wol	[vol]
Woll-	wol-	[vol-]

Samt (m)	fluweel	[fluveəl]
Wildleder (n)	suède	[suɛdə]
Cord (m)	ferweel	[ferweəl]

Nylon (n)	nylon	[najlon]
Nylon-	nylon-	[najlon-]
Polyester (m)	poliëster	[poliɛstər]
Polyester-	poliëster-	[poliɛstər-]

Leder (n)	leer	[leər]
Leder-	leer-	[leər-]
Pelz (m)	bont	[bont]
Pelz-	bont-	[bont-]

36. Persönliche Accessoires

Handschuhe (pl)	handskoene	[handskunə]
Fausthandschuhe (pl)	duimhandskoene	[dœim·handskunə]
Schal (Kaschmir-)	serp	[serp]

Brille (f)	bril	[bril]
Brillengestell (n)	raam	[rãm]
Regenschirm (m)	sambreel	[sambreəl]
Spazierstock (m)	wandelstok	[vandəl·stok]
Haarbürste (f)	haarborsel	[hãr·borsəl]
Fächer (m)	waaier	[vãjer]

Krawatte (f)	das	[das]
Fliege (f)	strikkie	[strikki]
Hosenträger (pl)	kruisbande	[krœis·bandə]
Taschentuch (n)	sakdoek	[sakduk]

| Kamm (m) | kam | [kam] |
| Haarspange (f) | haarspeld | [hãrs·pɛlt] |

| Haarnadel (f) | haarpen | [hãr·pen] |
| Schnalle (f) | gespe | [χespə] |

| Gürtel (m) | belt | [bɛlt] |
| Umhängegurt (m) | skouerband | [skæʊer·bant] |

Tasche (f)	handsak	[hand·sak]
Handtasche (f)	beursie	[bøərsi]
Rucksack (m)	rugsak	[ruχsak]

37. Kleidung. Verschiedenes

Mode (f)	mode	[modə]
modisch	in die mode	[in di modə]
Modedesigner (m)	modeontwerper	[modə·ontwerpər]

Kragen (m)	kraag	[krãχ]
Tasche (f)	sak	[sak]
Taschen-	sak-	[sak-]
Ärmel (m)	mou	[mæʊ]
Aufhänger (m)	lussie	[lussi]
Hosenschlitz (m)	gulp	[χulp]

Reißverschluss (m)	ritssluiter	[rits·slœeitər]
Verschluss (m)	vasmaker	[fasmakər]
Knopf (m)	knoop	[knoəp]
Knopfloch (n)	knoopsgat	[knoəps·χat]
abgehen (Knopf usw.)	loskom	[loskom]

nähen (vi, vt)	naai	[nãi]
sticken (vt)	borduur	[bordɪr]
Stickerei (f)	borduurwerk	[bordɪr·werk]
Nadel (f)	naald	[nãlt]
Faden (m)	garing	[χariŋ]
Naht (f)	soom	[soəm]

sich beschmutzen	vuil word	[fœil vort]
Fleck (m)	vlek	[flek]
sich knittern	kreukel	[krøəkəl]
zerreißen (vt)	skeur	[skøər]
Motte (f)	mot	[mot]

38. Kosmetikartikel. Kosmetik

Zahnpasta (f)	tandepasta	[tandə·pasta]
Zahnbürste (f)	tandeborsel	[tandə·borsəl]
Zähne putzen	tande borsel	[tandə borsəl]

Rasierer (m)	skeermes	[skeər·mes]
Rasiercreme (f)	skeerroom	[skeər·roəm]
sich rasieren	skeer	[skeər]
Seife (f)	seep	[seəp]

Shampoo (n)	sjampoe	[ʃampu]
Schere (f)	skêr	[skær]
Nagelfeile (f)	naelvyl	[naɛl·fajl]
Nagelzange (f)	naelknipper	[naɛl·knippər]
Pinzette (f)	haartangetjie	[hārtaŋəki]

Kosmetik (f)	kosmetika	[kosmetika]
Gesichtsmaske (f)	gesigmasker	[χesiχ·maskər]
Maniküre (f)	manikuur	[manikɪr]
Maniküre machen	laat manikuur	[lāt manikɪr]
Pediküre (f)	voetbehandeling	[fut·behandeliŋ]

Kosmetiktasche (f)	kosmetika tassie	[kosmetika tassi]
Puder (m)	gesigpoeier	[χesiχ·pujer]
Puderdose (f)	poeierdosie	[pujer·dosi]
Rouge (n)	blosser	[blossər]

Parfüm (n)	parfuum	[parfɪm]
Duftwasser (n)	reukwater	[røøk·vatər]
Lotion (f)	vloeiroom	[flui·roəm]
Kölnischwasser (n)	reukwater	[røøk·vatər]

Lidschatten (m)	oogskadu	[oəχ·skadu]
Kajalstift (m)	oogomlyner	[oəχ·omlajnər]
Wimperntusche (f)	maskara	[maskara]

Lippenstift (m)	lipstiffie	[lip·stiffi]
Nagellack (m)	naellak	[naɛl·lak]
Haarlack (m)	haarsproei	[hārs·prui]
Deodorant (n)	reukweermiddel	[røøk·veərmiddəl]

Creme (f)	room	[roəm]
Gesichtscreme (f)	gesigroom	[χesiχ·roəm]
Handcreme (f)	handroom	[hand·roəm]
Anti-Falten-Creme (f)	antirimpelroom	[antirimpəl·roəm]
Tagescreme (f)	dagroom	[daχ·roəm]
Nachtcreme (f)	nagroom	[naχ·roəm]
Tages-	dag-	[daχ-]
Nacht-	nag-	[naχ-]

Tampon (m)	tampon	[tampon]
Toilettenpapier (n)	toiletpapier	[tojlet·papir]
Föhn (m)	haardroër	[hār·droɛr]

39. Schmuck

Schmuck (m)	juweliersware	[juvelirs·warə]
Edel- (stein)	edel-	[ɛdəl-]
Repunze (f)	waarmerk	[vārmerk]

Ring (m)	ring	[riŋ]
Ehering (m)	trouring	[træʊriŋ]
Armband (n)	armband	[armbant]
Ohrringe (pl)	oorbelle	[oər·bɛllə]

Kette (f)	halssnoer	[hals·snur]
Krone (f)	kroon	[kroən]
Halskette (f)	kraalsnoer	[krāl·snur]

Brillant (m)	diamant	[diamant]
Smaragd (m)	smarag	[smaraχ]
Rubin (m)	robyn	[robajn]
Saphir (m)	saffier	[saffir]
Perle (f)	pêrel	[pærəl]
Bernstein (m)	amber	[ambər]

40. Armbanduhren Uhren

Armbanduhr (f)	polshorlosie	[pols·horlosi]
Zifferblatt (n)	wyserplaat	[vajsər·plāt]
Zeiger (m)	wyster	[vajstər]
Metallarmband (n)	metaal horlosiebandjie	[metāl horlosi·bandʒi]
Uhrenarmband (n)	horlosiebandjie	[horlosi·bandʒi]

Batterie (f)	battery	[battəraj]
verbraucht sein	pap wees	[pap veəs]
vorgehen (vi)	voorloop	[foərloəp]
nachgehen (vi)	agterloop	[aχtərloəp]

Wanduhr (f)	muurhorlosie	[mɪr·horlosi]
Sanduhr (f)	uurglas	[ɪr·χlas]
Sonnenuhr (f)	sonwyser	[son·wajsər]
Wecker (m)	wekker	[vɛkkər]
Uhrmacher (m)	horlosiemaker	[horlosi·makər]
reparieren (vt)	herstel	[herstəl]

Essen. Ernährung

41. Essen

Fleisch (n)	vleis	[flæjs]
Hühnerfleisch (n)	hoender	[hundər]
Küken (n)	braaikuiken	[brāj·kœiken]
Ente (f)	eend	[eent]
Gans (f)	gans	[χaŋs]
Wild (n)	wild	[vilt]
Pute (f)	kalkoen	[kalkun]
Schweinefleisch (n)	varkvleis	[fark·flæjs]
Kalbfleisch (n)	kalfsvleis	[kalfs·flæjs]
Hammelfleisch (n)	lamsvleis	[lams·flæjs]
Rindfleisch (n)	beesvleis	[beəs·flæjs]
Kaninchenfleisch (n)	konynvleis	[konajn·flæjs]
Wurst (f)	wors	[vors]
Würstchen (n)	Weense worsie	[veɛŋsə vorsi]
Schinkenspeck (m)	spek	[spek]
Schinken (m)	ham	[ham]
Räucherschinken (m)	gerookte ham	[χeroəktə ham]
Pastete (f)	patee	[pateə]
Leber (f)	lewer	[levər]
Hackfleisch (n)	maalvleis	[māl·flæjs]
Zunge (f)	tong	[toŋ]
Ei (n)	eier	[æjer]
Eier (pl)	eiers	[æjers]
Eiweiß (n)	eierwit	[æjer·wit]
Eigelb (n)	dooier	[dojer]
Fisch (m)	vis	[fis]
Meeresfrüchte (pl)	seekos	[seə·kos]
Krebstiere (pl)	skaaldiere	[skāldirə]
Kaviar (m)	kaviaar	[kafiār]
Krabbe (f)	krab	[krap]
Garnele (f)	garnaal	[χarnāl]
Auster (f)	oester	[ustər]
Languste (f)	seekreef	[seə·kreəf]
Krake (m)	seekat	[seə·kat]
Kalmar (m)	pylinkvis	[pajl·inkfis]
Störfleisch (n)	steur	[støər]
Lachs (m)	salm	[salm]
Heilbutt (m)	heilbot	[hæjlbot]
Dorsch (m)	kabeljou	[kabeljæʊ]

Makrele (f)	makriel	[makril]
Tunfisch (m)	tuna	[tuna]
Aal (m)	paling	[paliŋ]

Forelle (f)	forel	[forəl]
Sardine (f)	sardyn	[sardajn]
Hecht (m)	varswatersnoek	[farswatər·snuk]
Hering (m)	haring	[hariŋ]

Brot (n)	brood	[broət]
Käse (m)	kaas	[kās]
Zucker (m)	suiker	[sœikər]
Salz (n)	sout	[sæʊt]

Reis (m)	rys	[rajs]
Teigwaren (pl)	pasta	[pasta]
Nudeln (pl)	noedels	[nudɛls]

Butter (f)	botter	[bottər]
Pflanzenöl (n)	plantaardige olie	[plantārdiχə oli]
Sonnenblumenöl (n)	sonblomolie	[sonblom·oli]
Margarine (f)	margarien	[marχarin]

Oliven (pl)	olywe	[olajvə]
Olivenöl (n)	olyfolie	[olajf·oli]

Milch (f)	melk	[melk]
Kondensmilch (f)	kondensmelk	[kondɛŋs·melk]
Joghurt (m)	jogurt	[joχurt]
saure Sahne (f)	suurroom	[sɪr·roəm]
Sahne (f)	room	[roəm]

Mayonnaise (f)	mayonnaise	[majonɛs]
Buttercreme (f)	crème	[krɛm]

Grütze (f)	ontbytgraan	[ontbajt·χrān]
Mehl (n)	meelblom	[meəl·blom]
Konserven (pl)	blikkieskos	[blikkis·kos]

Maisflocken (pl)	mielievlokkies	[mili·flokkis]
Honig (m)	heuning	[høəniŋ]
Marmelade (f)	konfyt	[konfajt]
Kaugummi (m, n)	kougom	[kæʊχom]

42. Getränke

Wasser (n)	water	[vatər]
Trinkwasser (n)	drinkwater	[drink·vatər]
Mineralwasser (n)	mineraalwater	[minerāl·vatər]

still	sonder gas	[sondər χas]
mit Kohlensäure	soda-	[soda-]
mit Gas	bruis-	[brœis-]
Eis (n)	ys	[ajs]

mit Eis	met ys	[met ajs]
alkoholfrei (Adj)	nie-alkoholies	[ni-alkoholis]
alkoholfreies Getränk (n)	koeldrank	[kul·drank]
Erfrischungsgetränk (n)	verfrissende drank	[ferfrissendə drank]
Limonade (f)	limonade	[limonadə]

Spirituosen (pl)	likeure	[likøərə]
Wein (m)	wyn	[vajn]
Weißwein (m)	witwyn	[vit·vajn]
Rotwein (m)	rooiwyn	[roj·vajn]

Likör (m)	likeur	[likøər]
Champagner (m)	sjampanje	[ʃampanjə]
Wermut (m)	vermoet	[fermut]

Whisky (m)	whisky	[vhiskaj]
Wodka (m)	vodka	[fodka]
Gin (m)	jenever	[jenefər]
Kognak (m)	brandewyn	[brandə·vajn]
Rum (m)	rum	[rum]

Kaffee (m)	koffie	[koffi]
schwarzer Kaffee (m)	swart koffie	[swart koffi]
Milchkaffee (m)	koffie met melk	[koffi met melk]
Cappuccino (m)	capuccino	[kaputʃino]
Pulverkaffee (m)	poeierkoffie	[pujer·koffi]

Milch (f)	melk	[melk]
Cocktail (m)	mengeldrankie	[menχəl·dranki]
Milchcocktail (m)	melkskommel	[melk·skomməl]

Saft (m)	sap	[sap]
Tomatensaft (m)	tamatiesap	[tamati·sap]
Orangensaft (m)	lemoensap	[lemoən·sap]
frisch gepresster Saft (m)	vars geparste sap	[fars χeparstə sap]

Bier (n)	bier	[bir]
Helles (n)	ligte bier	[liχtə bir]
Dunkelbier (n)	donker bier	[donkər bir]

Tee (m)	tee	[teə]
schwarzer Tee (m)	swart tee	[swart teə]
grüner Tee (m)	groen tee	[χrun teə]

43. Gemüse

| Gemüse (n) | groente | [χruntə] |
| grünes Gemüse (pl) | groente | [χruntə] |

Tomate (f)	tamatie	[tamati]
Gurke (f)	komkommer	[komkommər]
Karotte (f)	wortel	[vortəl]
Kartoffel (f)	aartappel	[ärtappəl]
Zwiebel (f)	ui	[œi]

Knoblauch (m)	knoffel	[knoffəl]
Kohl (m)	kool	[koəl]
Blumenkohl (m)	blomkool	[blom·koəl]
Rosenkohl (m)	Brusselspruite	[brussɛl·sprœitə]
Brokkoli (m)	broccoli	[brokoli]

Rote Bete (f)	beet	[beət]
Aubergine (f)	eiervrug	[æjerfruχ]
Zucchini (f)	vingerskorsie	[fiŋər·skorsi]
Kürbis (m)	pampoen	[pampun]
Rübe (f)	raap	[rãp]

Petersilie (f)	pietersielie	[pitərsili]
Dill (m)	dille	[dillə]
Kopf Salat (m)	slaai	[slãi]
Sellerie (m)	seldery	[selderaj]
Spargel (m)	aspersie	[aspersi]
Spinat (m)	spinasie	[spinasi]

Erbse (f)	ertjie	[ɛrki]
Bohnen (pl)	boontjies	[boənkis]
Mais (m)	mielie	[mili]
weiße Bohne (f)	nierboontjie	[nir·boənki]

Paprika (m)	paprika	[paprika]
Radieschen (n)	radys	[radajs]
Artischocke (f)	artisjok	[artiʃok]

44. Obst. Nüsse

Frucht (f)	vrugte	[fruχtə]
Apfel (m)	appel	[appəl]
Birne (f)	peer	[peər]
Zitrone (f)	suurlemoen	[sɪr·lemun]
Apfelsine (f)	lemoen	[lemun]
Erdbeere (f)	aarbei	[ãrbæj]

Mandarine (f)	nartjie	[narki]
Pflaume (f)	pruim	[prœim]
Pfirsich (m)	perske	[perskə]
Aprikose (f)	appelkoos	[appɛlkoəs]
Himbeere (f)	framboos	[framboəs]
Ananas (f)	pynappel	[pajnappəl]

Banane (f)	piesang	[pisaŋ]
Wassermelone (f)	waatlemoen	[vãtlemun]
Weintrauben (pl)	druif	[drœif]
Kirsche (f)	kersie	[kersi]
Sauerkirsche (f)	suurkersie	[sɪr·kersi]
Süßkirsche (f)	soetkersie	[sut·kersi]
Melone (f)	spanspek	[spaŋspek]

| Grapefruit (f) | pomelo | [pomelo] |
| Avocado (f) | avokado | [afokado] |

Papaya (f)	papaja	[papaja]
Mango (f)	mango	[manχo]
Granatapfel (m)	granaat	[χranāt]

rote Johannisbeere (f)	rooi aalbessie	[roj ālbɛssi]
schwarze Johannisbeere (f)	swartbessie	[swartbɛssi]
Stachelbeere (f)	appelliefie	[appɛllifi]
Heidelbeere (f)	bosbessie	[bosbɛssi]
Brombeere (f)	braambessie	[brāmbɛssi]

Rosinen (pl)	rosyntjie	[rosajnki]
Feige (f)	vy	[faj]
Dattel (f)	dadel	[dadəl]

Erdnuss (f)	grondboontjie	[χront·boənki]
Mandel (f)	amandel	[amandəl]
Walnuss (f)	okkerneut	[okkər·nøət]
Haselnuss (f)	haselneut	[hasɛl·nøət]
Kokosnuss (f)	klapper	[klappər]
Pistazien (pl)	pistachio	[pistatʃio]

45. Brot. Süßigkeiten

Konditorwaren (pl)	soet gebak	[sut χebak]
Brot (n)	brood	[broət]
Keks (m, n)	koekies	[kukis]

Schokolade (f)	sjokolade	[ʃokoladə]
Schokoladen-	sjokolade	[ʃokoladə]
Bonbon (m, n)	lekkers	[lɛkkərs]
Kuchen (m)	koek	[kuk]
Torte (f)	koek	[kuk]

| Kuchen (Apfel-) | pastei | [pastæj] |
| Füllung (f) | vulsel | [fulsəl] |

Konfitüre (f)	konfyt	[konfajt]
Marmelade (f)	marmelade	[marmeladə]
Waffeln (pl)	wafels	[vafɛls]
Eis (n)	roomys	[roəm·ajs]
Pudding (m)	poeding	[pudiŋ]

46. Gerichte

Gericht (n)	gereg	[χerəχ]
Küche (f)	kookkuns	[koək·kuns]
Rezept (n)	resep	[resep]
Portion (f)	porsie	[porsi]

Salat (m)	slaai	[slāi]
Suppe (f)	sop	[sop]
Brühe (f), Bouillon (f)	helder sop	[hɛldər sop]

| belegtes Brot (n) | toebroodjie | [tubroədʒi] |
| Spiegelei (n) | gabakte eiers | [χabaktə æjers] |

| Hamburger (m) | hamburger | [hamburχər] |
| Beefsteak (n) | biefstuk | [bifstuk] |

Beilage (f)	sygereg	[saj·χerəχ]
Spaghetti (pl)	spaghetti	[spaχɛtti]
Kartoffelpüree (n)	kapokaartappels	[kapok·ārtappəls]
Pizza (f)	pizza	[pizza]
Brei (m)	pap	[pap]
Omelett (n)	omelet	[oməlet]

gekocht	gekook	[χekoək]
geräuchert	gerook	[χeroək]
gebraten	gebak	[χebak]
getrocknet	gedroog	[χedroəχ]
tiefgekühlt	gevries	[χefris]
mariniert	gepiekel	[χepikəl]

süß	soet	[sut]
salzig	sout	[sæʋt]
kalt	koud	[kæʋt]
heiß	warm	[varm]
bitter	bitter	[bittər]
lecker	smaaklik	[smāklik]

kochen (vt)	kook in water	[koək in vatər]
zubereiten (vt)	kook	[koək]
braten (vt)	braai	[braj]
aufwärmen (vt)	opwarm	[opwarm]

salzen (vt)	sout	[sæʋt]
pfeffern (vt)	peper	[pepər]
reiben (vt)	rasp	[rasp]
Schale (f)	skil	[skil]
schälen (vt)	skil	[skil]

47. Gewürze

Salz (n)	sout	[sæʋt]
salzig (Adj)	sout	[sæʋt]
salzen (vt)	sout	[sæʋt]

schwarzer Pfeffer (m)	swart peper	[swart pepər]
roter Pfeffer (m)	rooi peper	[roj pepər]
Senf (m)	mosterd	[mostert]
Meerrettich (m)	peperwortel	[peper·wortəl]

Gewürz (n)	smaakmiddel	[smāk·middəl]
Gewürz (n)	spesery	[spesəraj]
Soße (f)	sous	[sæʋs]
Essig (m)	asyn	[asajn]
Anis (m)	anys	[anajs]

Basilikum (n)	basilikum	[basilikum]
Nelke (f)	naeltjies	[naɛlkis]
Ingwer (m)	gemmer	[χɛmmər]
Koriander (m)	koljander	[koljandər]
Zimt (m)	kaneel	[kaneəl]

Sesam (m)	sesamsaad	[sesam·sāt]
Lorbeerblatt (n)	lourierblaar	[læʊrir·blār]
Paprika (m)	paprika	[paprika]
Kümmel (m)	komynsaad	[komajnsāt]
Safran (m)	saffraan	[saffrān]

48. Mahlzeiten

Essen (n)	kos	[kos]
essen (vi, vt)	eet	[eət]

Frühstück (n)	ontbyt	[ontbajt]
frühstücken (vi)	ontbyt	[ontbajt]
Mittagessen (n)	middagete	[middaχ·etə]
zu Mittag essen	gaan eet	[χān eət]
Abendessen (n)	aandete	[āndetə]
zu Abend essen	aandete gebruik	[āndetə χebrœik]

Appetit (m)	aptyt	[aptajt]
Guten Appetit!	Smaaklike ete!	[smāklikə etə!]

öffnen (vt)	oopmaak	[oəpmāk]
verschütten (vt)	mors	[mors]
verschüttet werden	mors	[mors]

kochen (vi)	kook	[koək]
kochen (Wasser ~)	kook	[koək]
gekocht (Adj)	gekook	[χekoək]
kühlen (vt)	laat afkoel	[lāt afkul]
abkühlen (vi)	afkoel	[afkul]

Geschmack (m)	smaak	[smāk]
Beigeschmack (m)	nasmaak	[nasmāk]

auf Diät sein	vermaer	[fermaər]
Diät (f)	dieet	[diət]
Vitamin (n)	vitamien	[fitamin]
Kalorie (f)	kalorie	[kalori]
Vegetarier (m)	vegetariër	[feχetariɛr]
vegetarisch (Adj)	vegetaries	[feχetaris]

Fett (n)	vette	[fɛttə]
Protein (n)	proteïen	[proteïen]
Kohlenhydrat (n)	koolhidrate	[koəlhidratə]

Scheibchen (n)	snytjie	[snajki]
Stück (ein ~ Kuchen)	stuk	[stuk]
Krümel (m)	krummel	[krumməl]

49. Gedeck

Löffel (m)	lepel	[lepəl]
Messer (n)	mes	[mes]
Gabel (f)	vurk	[furk]
Tasse (eine ~ Tee)	koppie	[koppi]
Teller (m)	bord	[bort]
Untertasse (f)	piering	[piriŋ]
Serviette (f)	servet	[serfət]
Zahnstocher (m)	tandestokkie	[tandə·stokki]

50. Restaurant

Restaurant (n)	restaurant	[restɔurant]
Kaffeehaus (n)	koffiekroeg	[koffi·kruχ]
Bar (f)	kroeg	[kruχ]
Teesalon (m)	teekamer	[teə·kamər]
Kellner (m)	kelner	[kɛlnər]
Kellnerin (f)	kelnerin	[kɛlnərin]
Barmixer (m)	kroegman	[kruχman]
Speisekarte (f)	spyskaart	[spajs·kãrt]
Weinkarte (f)	wyn	[vajn]
einen Tisch reservieren	wynkaart	[vajn·kãrt]
Gericht (n)	gereg	[χerəχ]
bestellen (vt)	bestel	[bestəl]
eine Bestellung aufgeben	bestel	[bestəl]
Aperitif (m)	drankie	[dranki]
Vorspeise (f)	voorgereg	[foərχerəχ]
Nachtisch (m)	nagereg	[naχerəχ]
Rechnung (f)	rekening	[rekəniŋ]
Rechnung bezahlen	die rekening betaal	[di rekəniŋ betãl]
das Wechselgeld geben	kleingeld gee	[klæjn·χɛlt χeə]
Trinkgeld (n)	fooitjie	[fojki]

Familie, Verwandte und Freunde

51. Persönliche Informationen. Formulare

Vorname (m)	voornaam	[foərnãm]
Name (m)	van	[fan]
Geburtsdatum (n)	geboortedatum	[χeboərtə·datum]
Geburtsort (m)	geboorteplek	[χeboərtə·plek]
Nationalität (f)	nasionaliteit	[naʃionalitæjt]
Wohnort (m)	woonplek	[voən·plek]
Land (n)	land	[lant]
Beruf (m)	beroep	[berup]
Geschlecht (n)	geslag	[χeslaχ]
Größe (f)	lengte	[leŋtə]
Gewicht (n)	gewig	[χeveχ]

52. Familienmitglieder. Verwandte

Mutter (f)	moeder	[mudər]
Vater (m)	vader	[fadər]
Sohn (m)	seun	[søən]
Tochter (f)	dogter	[doχtər]
jüngste Tochter (f)	jonger dogter	[joŋər doχtər]
jüngste Sohn (m)	jonger seun	[joŋər søən]
ältere Tochter (f)	oudste dogter	[æʊdstə doχtər]
älterer Sohn (m)	oudste seun	[æʊdstə søən]
Bruder (m)	broer	[brur]
älterer Bruder (m)	ouer broer	[æʊer brur]
jüngerer Bruder (m)	jonger broer	[joŋər brur]
Schwester (f)	suster	[sustər]
ältere Schwester (f)	ouer suster	[æʊer sustər]
jüngere Schwester (f)	jonger suster	[joŋər sustər]
Cousin (m)	neef	[neəf]
Cousine (f)	neef	[neəf]
Mama (f)	ma	[ma]
Papa (m)	pa	[pa]
Eltern (pl)	ouers	[æʊers]
Kind (n)	kind	[kint]
Kinder (pl)	kinders	[kindərs]
Großmutter (f)	ouma	[æʊma]
Großvater (m)	oupa	[æʊpa]

Enkel (m)	kleinseun	[klæjn·søøn]
Enkelin (f)	kleindogter	[klæjn·doχtər]
Enkelkinder (pl)	kleinkinders	[klæjn·kindərs]

Onkel (m)	oom	[oəm]
Tante (f)	tante	[tantə]
Neffe (m)	neef	[neəf]
Nichte (f)	nig	[niχ]

Schwiegermutter (f)	skoonma	[skoən·ma]
Schwiegervater (m)	skoonpa	[skoən·pa]
Schwiegersohn (m)	skoonseun	[skoən·søøn]
Stiefmutter (f)	stiefma	[stifma]
Stiefvater (m)	stiefpa	[stifpa]

Säugling (m)	baba	[baba]
Kleinkind (n)	baba	[baba]
Kleine (m)	seuntjie	[søønki]

Frau (f)	vrou	[fræʊ]
Mann (m)	man	[man]
Ehemann (m)	eggenoot	[ɛχχenoət]
Gemahlin (f)	eggenote	[ɛχχenotə]

verheiratet (Ehemann)	getroud	[χetræʊt]
verheiratet (Ehefrau)	getroud	[χetræʊt]
ledig	ongetroud	[onχətræʊt]
Junggeselle (m)	vrygesel	[frajχesəl]
geschieden (Adj)	geskei	[χeskæj]
Witwe (f)	weduwee	[veduveə]
Witwer (m)	wedunaar	[vedunãr]

Verwandte (m)	familielid	[famililit]
naher Verwandter (m)	na familie	[na famili]
entfernter Verwandter (m)	ver familie	[fer famili]
Verwandte (pl)	familielede	[famililedə]

Waisenjunge (m)	weeskind	[veəskint]
Waisenmädchen (f)	weeskind	[veəskint]
Vormund (m)	voog	[foəχ]
adoptieren (einen Jungen)	aanneem	[ãnneəm]
adoptieren (ein Mädchen)	aanneem	[ãnneəm]

53. Freunde. Arbeitskollegen

Freund (m)	vriend	[frint]
Freundin (f)	vriendin	[frindin]
Freundschaft (f)	vriendskap	[frindskap]
befreundet sein	bevriend wees	[befrint veəs]

Freund (m)	maat	[mãt]
Freundin (f)	vriendin	[frindin]
Partner (m)	maat	[mãt]
Chef (m)	baas	[bãs]

Vorgesetzte (m)	baas	[bɑ̃s]
Besitzer (m)	eienaar	[æjenɑ̃r]
Untergeordnete (m)	ondergeskikte	[ondərχeskiktə]
Kollege (m), Kollegin (f)	kollega	[kolleχa]

Bekannte (m)	kennis	[kɛnnis]
Reisegefährte (m)	medereisiger	[medə·ræjsiχər]
Mitschüler (m)	klasmaat	[klas·mɑ̃t]

Nachbar (m)	buurman	[bɪrman]
Nachbarin (f)	buurvrou	[bɪrfræʊ]
Nachbarn (pl)	bure	[burə]

54. Mann. Frau

Frau (f)	vrou	[fræʊ]
Mädchen (n)	meisie	[mæjsi]
Braut (f)	bruid	[brœit]

schöne	mooi	[moj]
große	groot	[χroət]
schlanke	slank	[slank]
kleine (~ Frau)	kort	[kort]

| Blondine (f) | blondine | [blondinə] |
| Brünette (f) | brunet | [brunet] |

Damen-	dames-	[dames-]
Jungfrau (f)	maagd	[mɑ̃χt]
schwangere	swanger	[swaŋər]

Mann (m)	man	[man]
Blonde (m)	blond	[blont]
Brünette (m)	brunet	[brunet]
hoch	groot	[χroət]
klein	kort	[kort]

grob	onbeskof	[onbeskof]
untersetzt	frisgebou	[frisχebæʊ]
robust	frisgebou	[frisχebæʊ]
stark	sterk	[sterk]
Kraft (f)	sterkte	[sterktə]

dick	vet	[fet]
dunkelhäutig	blas	[blas]
schlank	slank	[slank]
elegant	elegant	[ɛleχant]

55. Alter

| Alter (n) | ouderdom | [æʊderdom] |
| Jugend (f) | jeug | [jøəχ] |

jung	jong	[joŋ]
jünger (~ als Sie)	jonger	[joŋər]
älter (~ als ich)	ouer	[æʊer]

Junge (m)	jongman	[joŋman]
Teenager (m)	tiener	[tinər]
Bursche (m)	ou	[æʊ]

Greis (m)	ou man	[æʊ man]
alte Frau (f)	ou vrou	[æʊ fræʊ]

Erwachsene (m)	volwasse	[folwassə]
in mittleren Jahren	middeljarig	[middəl·jarəχ]
älterer (Adj)	bejaard	[bejãrt]
alt (Adj)	oud	[æʊt]

Ruhestand (m)	pensioen	[pɛnsiun]
in Rente gehen	met pensioen gaan	[met pɛnsiun χãn]
Rentner (m)	pensioenaris	[pɛnsiunaris]

56. Kinder

Kind (n)	kind	[kint]
Kinder (pl)	kinders	[kindərs]
Zwillinge (pl)	tweeling	[tweəliŋ]

Wiege (f)	wiegie	[viχi]
Rassel (f)	rammelaar	[rammelãr]
Windel (f)	luier	[lœiər]

Schnuller (m)	fopspeen	[fopspeən]
Kinderwagen (m)	kinderwaentjie	[kindər·waenki]
Kindergarten (m)	kindertuin	[kindər·tœin]
Kinderfrau (f)	babasitter	[babasittər]

Kindheit (f)	kinderdae	[kindərdaə]
Puppe (f)	pop	[pop]
Spielzeug (n)	speelgoed	[speəl·χut]
Baukasten (m)	boudoos	[bæʊ·doəs]
wohlerzogen	goed opgevoed	[χut opχəfut]
ungezogen	sleg opgevoed	[sleχ opχəfut]
verwöhnt	bederf	[bederf]

unartig sein	stout wees	[stæʊt veəs]
unartig	ondeuend	[ondøent]
Unart (f)	ondeuendheid	[ondøenthæjt]
Schelm (m)	rakker	[rakkər]

gehorsam	gehoorsaam	[χehoərsãm]
ungehorsam	ongehoorsaam	[onχəhoərsãm]

fügsam	soet	[sut]
klug	slim	[slim]
Wunderkind (n)	wonderkind	[vondərkint]

57. Ehepaare. Familienleben

küssen (vt)	soen	[sun]
sich küssen	mekaar soen	[mekãr sun]
Familie (f)	familie	[famili]
Familien-	gesins-	[χesins-]
Paar (n)	paartjie	[pãrki]
Ehe (f)	huwelik	[huvelik]
Heim (n)	tuiste	[tœistə]
Dynastie (f)	dinastie	[dinasti]
Rendezvous (n)	datum	[datum]
Kuss (m)	soen	[sun]
Liebe (f)	liefde	[lifdə]
lieben (vt)	liefhë	[lifhɛː]
geliebt	geliefde	[χelifdə]
Zärtlichkeit (f)	teerheid	[teərhæjt]
zärtlich	teer	[teər]
Treue (f)	trou	[træʊ]
treu (Adj)	trou	[træʊ]
Fürsorge (f)	sorg	[sorχ]
sorgsam	sorgsaam	[sorχsãm]
Frischvermählte (pl)	pasgetroudes	[pas·χetræʊdes]
Flitterwochen (pl)	wittebroodsdae	[vittebroəds·daə]
heiraten (einen Mann ~)	trou	[træʊ]
heiraten (ein Frau ~)	trou	[træʊ]
Hochzeit (f)	bruilof	[brœilof]
goldene Hochzeit (f)	goue bruilof	[χæʊə brœilof]
Jahrestag (m)	verjaardag	[ferjãr·daχ]
Geliebte (m)	minnaar	[minnãr]
Geliebte (f)	minnares	[minnares]
Ehebruch (m)	owerspel	[overspəl]
Ehebruch begehen	owerspel pleeg	[overspəl pleeχ]
eifersüchtig	jaloers	[jalurs]
eifersüchtig sein	jaloers wees	[jalurs veəs]
Scheidung (f)	egskeiding	[ɛχskæjdiŋ]
sich scheiden lassen	skei	[skæj]
streiten (vi)	baklei	[baklæj]
sich versöhnen	versoen	[fersun]
zusammen (Adv)	saam	[sãm]
Sex (m)	seks	[seks]
Glück (n)	geluk	[χeluk]
glücklich	gelukkig	[χelukkəχ]
Unglück (n)	ongeluk	[onχəluk]
unglücklich	ongelukkig	[onχəlukkəχ]

Charakter. Empfindungen. Gefühle

58. Empfindungen. Gefühle

Gefühl (n)	gevoel	[χeful]
Gefühle (pl)	gevoelens	[χefulɛŋs]
fühlen (vt)	voel	[ful]
Hunger (m)	honger	[hoŋər]
hungrig sein	honger wees	[hoŋər veəs]
Durst (m)	dors	[dors]
Durst haben	dors wees	[dors veəs]
Schläfrigkeit (f)	slaperigheid	[slaperiχæjt]
schlafen wollen	vaak voel	[fāk ful]
Müdigkeit (f)	moegheid	[muχæjt]
müde	moeg	[muχ]
müde werden	moeg word	[muχ vort]
Laune (f)	stemming	[stɛmmiŋ]
Langeweile (f)	verveling	[ferfeliŋ]
sich langweilen	verveeld wees	[ferveəlt veəs]
Zurückgezogenheit (n)	afsondering	[afsondəriŋ]
sich zurückziehen	jou afsonder	[jæʊ afsondər]
beunruhigen (vt)	bekommerd maak	[bekommərt māk]
sorgen (vi)	bekommerd wees	[bekommərt veəs]
Besorgnis (f)	kommerwekkend	[kommər·wɛkkent]
Angst (~ um …)	vrees	[freəs]
besorgt (Adj)	behep	[behep]
nervös sein	senuweeagtig wees	[senuveə·aχteχ veəs]
in Panik verfallen (vi)	paniekerig raak	[panikerəχ rāk]
Hoffnung (f)	hoop	[hoəp]
hoffen (vi)	hoop	[hoəp]
Sicherheit (f)	sekerheid	[sekərhæjt]
sicher	seker	[sekər]
Unsicherheit (f)	onsekerheid	[ɔŋsekərhæjt]
unsicher	onseker	[ɔŋsekər]
betrunken	dronk	[dronk]
nüchtern	nugter	[nuχtər]
schwach	swak	[swak]
glücklich	gelukkig	[χelukkəχ]
erschrecken (vt)	bang maak	[baŋ māk]
Wut (f)	kwaadheid	[kwādhæjt]
Rage (f)	woede	[vudə]
Depression (f)	depressie	[deprɛssi]
Unbehagen (n)	ongemak	[onχəmak]

Komfort (m)	gemak	[χemak]
bedauern (vt)	jammer wees	[jammər veəs]
Bedauern (n)	spyt	[spajt]
Missgeschick (n)	teëspoed	[teɛsput]
Kummer (m)	droefheid	[drufhæjt]

Scham (f)	skaamte	[skãmtə]
Freude (f)	vreugde	[frøəχdə]
Begeisterung (f)	entoesiasme	[ɛntusiasmə]
Enthusiast (m)	entoesiasties	[ɛntusiastis]
Begeisterung zeigen	begeestering toon	[beχeəsteriŋ toən]

59. Charakter. Persönlichkeit

Charakter (m)	karakter	[karaktər]
Charakterfehler (m)	karakterfout	[karaktər·fæut]
Verstand (m)	verstand	[ferstant]
Vernunft (f)	verstand	[ferstant]

Gewissen (n)	gewete	[χevetə]
Gewohnheit (f)	gewoonte	[χevoentə]
Fähigkeit (f)	talent	[talent]
können (v mod)	kan	[kan]

geduldig	geduldig	[χeduldəχ]
ungeduldig	ongeduldig	[onχeduldəχ]
neugierig	nuuskierig	[nɪskirəχ]
Neugier (f)	nuuskierigheid	[nɪskiriχæjt]

Bescheidenheit (f)	beskeidenheid	[beskæjdenhæjt]
bescheiden	beskeie	[beskæje]
unbescheiden	onbeskeie	[onbeskæje]

Faulheit (f)	luiheid	[lœihæjt]
faul	lui	[lœi]
Faulenzer (m)	luiaard	[lœiãrt]

Listigkeit (f)	sluheid	[sluhæjt]
listig	slu	[slu]
Misstrauen (n)	wantroue	[vantræuə]
misstrauisch	agterdogtig	[aχtərdoχtəχ]

Freigebigkeit (f)	gulheid	[χulhæjt]
freigebig	gulhartig	[χulhartəχ]
talentiert	talentvol	[talentfol]
Talent (n)	talent	[talent]

tapfer	moedig	[mudəχ]
Tapferkeit (f)	moed	[mut]
ehrlich	eerlik	[eərlik]
Ehrlichkeit (f)	eerlikheid	[eərlikhæjt]

vorsichtig	versigtig	[fersiχtəχ]
tapfer	dapper	[dappər]

| ernst | ernstig | [ɛrnstəχ] |
| streng | streng | [streŋ] |

entschlossen	vasberade	[fasberadə]
unentschlossen	besluiteloos	[beslœiteloəs]
schüchtern	skaam	[skãm]
Schüchternheit (f)	skaamheid	[skãmhæjt]

Vertrauen (n)	vertroue	[fertræʊə]
vertrauen (vi)	vertrou	[fertræʊ]
vertrauensvoll	goedgelowig	[χudχəlovəχ]

aufrichtig (Adv)	opreg	[opreχ]
aufrichtig (Adj)	opregte	[opreχtə]
Aufrichtigkeit (f)	opregtheid	[opreχthæjt]
offen	oop	[oəp]

still (Adj)	kalm	[kalm]
freimütig	openhartig	[openhartəχ]
naiv	naïef	[naïef]
zerstreut	verstrooid	[ferstrojt]
drollig, komisch	snaaks	[snãks]

Gier (f)	hebsug	[hebsuχ]
habgierig	hebsugtig	[hebsuχtəχ]
geizig	gierig	[χirəχ]
böse	boos	[boəs]
hartnäckig	hardnekkig	[hardnɛkkəχ]
unangenehm	onaangenaam	[onãnχənãm]

Egoist (m)	selfsugtig	[sɛlfsuχtəχ]
egoistisch	selfsugtig	[sɛlfsuχtəχ]
Feigling (m)	laffaard	[laffãrt]
feige	lafhartig	[lafhartəχ]

60. Schlaf. Träume

schlafen (vi)	slaap	[slãp]
Schlaf (m)	slaap	[slãp]
Traum (m)	droom	[droəm]
träumen (im Schlaf)	droom	[droəm]
verschlafen	vaak	[fãk]

Bett (n)	bed	[bet]
Matratze (f)	matras	[matras]
Decke (f)	kombers	[kombers]
Kissen (n)	kussing	[kussiŋ]
Laken (n)	laken	[laken]

Schlaflosigkeit (f)	slaaploosheid	[slãploəshæjt]
schlaflos	slaaploos	[slãploəs]
Schlafmittel (n)	slaappil	[slãp·pil]
schlafen wollen	vaak voel	[fãk ful]
gähnen (vi)	gaap	[χãp]

schlafen gehen	gaan slaap	[χān slāp]
das Bett machen	die bed opmaak	[di bet opmāk]
einschlafen (vi)	aan die slaap raak	[ān di slāp rāk]

Alptraum (m)	nagmerrie	[naχmerri]
Schnarchen (n)	gesnork	[χesnork]
schnarchen (vi)	snork	[snork]

Wecker (m)	wekker	[vɛkkər]
aufwecken (vt)	wakker maak	[vakkər māk]
erwachen (vi)	wakker word	[vakkər vort]
aufstehen (vi)	opstaan	[opstān]
sich waschen	jou was	[jæʊ vas]

61. Humor. Lachen. Freude

Humor (m)	humor	[humor]
Sinn (m) für Humor	humorsin	[humorsin]
sich amüsieren	jouself geniet	[jæʊsɛlf χenit]
froh (Adj)	vrolik	[frolik]
Fröhlichkeit (f)	pret	[pret]

Lächeln (n)	glimlag	[χlimlaχ]
lächeln (vi)	glimlag	[χlimlaχ]
auflachen (vi)	begin lag	[beχin laχ]
lachen (vi)	lag	[laχ]
Lachen (n)	lag	[laχ]

Anekdote, Witz (m)	anekdote	[anekdotə]
lächerlich	snaaks	[snāks]
komisch	snaaks	[snāks]

Witz machen	grappies maak	[χrappis māk]
Spaß (m)	grappie	[χrappi]
Freude (f)	vreugde	[frøəχdə]
sich freuen	bly wees	[blaj veəs]
froh (Adj)	bly	[blaj]

62. Diskussion, Unterhaltung. Teil 1

| Kommunikation (f) | kommunikasie | [kommunikasi] |
| kommunizieren (vi) | kommunikeer | [kommunikeər] |

Konversation (f)	gesprek	[χesprek]
Dialog (m)	dialoog	[dialoəχ]
Diskussion (f)	diskussie	[diskussi]
Streitgespräch (n)	dispuut	[dispɪt]
streiten (vi)	debatteer	[debatteər]

Gesprächspartner (m)	gespreksgenoot	[χespreks·χenoət]
Thema (n)	onderwerp	[ondərwerp]
Gesichtspunkt (m)	standpunt	[stand·punt]

| Meinung (f) | opinie | [opini] |
| Rede (f) | toespraak | [tusprãk] |

Besprechung (f)	bespreking	[besprekiŋ]
besprechen (vt)	bespreek	[bespreək]
Gespräch (n)	gesprek	[χesprek]
Gespräche führen	gesels	[χesɛls]
Treffen (n)	ontmoeting	[ontmutiŋ]
sich treffen	ontmoet	[ontmut]

Sprichwort (n)	spreekwoord	[spreək·woərt]
Redensart (f)	gesegde	[χeseχdə]
Rätsel (n)	raaisel	[rãjsəl]
Parole (f)	wagwoord	[vaχ·woərt]
Geheimnis (n)	geheim	[χəhæjm]

Eid (m), Schwur (m)	eed	[eət]
schwören (vi, vt)	sweer	[sweər]
Versprechen (n)	belofte	[beloftə]
versprechen (vt)	beloof	[beloəf]

Rat (m)	raad	[rãt]
raten (vt)	aanraai	[ãnrãi]
einen Rat befolgen	raad volg	[rãt folχ]
gehorchen (jemandem ~)	luister na	[lœistər na]

Neuigkeit (f)	nuus	[nɪs]
Sensation (f)	sensasie	[sɛŋsasi]
Informationen (pl)	inligting	[inliχtiŋ]
Schlussfolgerung (f)	slotsom	[slotsom]
Stimme (f)	stem	[stem]
Kompliment (n)	kompliment	[kompliment]
freundlich	gaaf	[χãf]

Wort (n)	woord	[voərt]
Phrase (f)	frase	[frasə]
Antwort (f)	antwoord	[antwoərt]

| Wahrheit (f) | waarheid | [vãrhæjt] |
| Lüge (f) | leuen | [løəen] |

Gedanke (m)	gedagte	[χedaχtə]
Idee (f)	idee	[ideə]
Phantasie (f)	verbeelding	[ferbeəldiŋ]

63. Diskussion, Unterhaltung. Teil 2

angesehen (Adj)	gerespekteer	[χerespekteər]
respektieren (vt)	respekteer	[respekteər]
Respekt (m)	respek	[respek]
Sehr geehrter ...	Geagte ...	[χeaχtə ...]

| bekannt machen | voorstel | [foərstəl] |
| kennenlernen (vt) | kennismaak | [kɛnnismãk] |

Absicht (f)	voorneme	[foərnemə]
beabsichtigen (vt)	voornemens wees	[foərnemɛŋs veəs]
Wunsch (m)	wens	[vɛŋs]
wünschen (vt)	wens	[vɛŋs]
Staunen (n)	verrassing	[ferrassiŋ]
erstaunen (vt)	verras	[ferras]
staunen (vi)	verbaas wees	[ferbās veəs]
geben (vt)	gee	[χeə]
nehmen (vt)	vat	[fat]
herausgeben (vt)	teruggee	[teruχeə]
zurückgeben (vt)	terugvat	[teruχfat]
sich entschuldigen	verskoning vra	[ferskoniŋ fra]
Entschuldigung (f)	verskoning	[ferskoniŋ]
verzeihen (vt)	vergewe	[ferχevə]
sprechen (vi)	praat	[prāt]
hören (vt), zuhören (vi)	luister	[lœistər]
sich anhören	aanhoor	[ānhoər]
verstehen (vt)	verstaan	[ferstān]
zeigen (vt)	wys	[vajs]
ansehen (vt)	kyk na ...	[kajk na ...]
rufen (vt)	roep	[rup]
belästigen (vt)	aflei	[aflæj]
stören (vt)	steur	[støər]
übergeben (vt)	deurgee	[døərχeə]
Bitte (f)	versoek	[fersuk]
bitten (vt)	versoek	[fersuk]
Verlangen (n)	eis	[æjs]
verlangen (vt)	eis	[æjs]
necken (vt)	terg	[terχ]
spotten (vi)	terg	[terχ]
Spott (m)	spot	[spot]
Spitzname (m)	bynaam	[bajnām]
Andeutung (f)	sinspeling	[sinspeliŋ]
andeuten (vt)	sinspeel	[sinspeəl]
meinen (vt)	impliseer	[impliseər]
Beschreibung (f)	beskrywing	[beskrajviŋ]
beschreiben (vt)	beskryf	[beskrajf]
Lob (n)	lof	[lof]
loben (vt)	loof	[loəf]
Enttäuschung (f)	teleurstelling	[teløərstɛlliŋ]
enttäuschen (vt)	teleurstel	[teløərstəl]
enttäuscht sein	teleurgestel	[teløərχestəl]
Vermutung (f)	veronderstelling	[feronderstɛlliŋ]
vermuten (vt)	veronderstel	[feronderstəl]
Warnung (f)	waarskuwing	[vārskuviŋ]
warnen (vt)	waarsku	[vārsku]

61

64. Diskussion, Unterhaltung. Teil 3

überreden (vt)	ompraat	[omprãt]
beruhigen (vt)	kalmeer	[kalmeər]

Schweigen (n)	stilte	[stiltə]
schweigen (vi)	stilbly	[stilblaj]
flüstern (vt)	fluister	[flœistər]
Flüstern (n)	gefluister	[χeflœistər]

offen (Adv)	openlik	[openlik]
meiner Meinung nach ...	volgens my ...	[folχɛŋs maj ...]

Detail (n)	besonderhede	[besondərhedə]
ausführlich (Adj)	gedetailleerd	[χedetajlleərt]
ausführlich (Adv)	in detail	[in detajl]
Tipp (m)	wenk	[vɛnk]

Blick (m)	kykie	[kajki]
anblicken (vt)	kyk	[kajk]
starr (z.B. -en Blick)	strak	[strak]
blinzeln (mit den Augen)	knipper	[knippər]
zwinkern (mit den Augen)	knipoog	[knipoəχ]
nicken (vi)	knik	[knik]

Seufzer (m)	sug	[suχ]
aufseufzen (vi)	sug	[suχ]
zusammenzucken (vi)	huiwer	[hœivər]
Geste (f)	gebaar	[χebãr]
berühren (vt)	aanraak	[ãnrãk]
ergreifen (vt)	vat	[fat]
klopfen (vt)	op die skouer tik	[op di skæʊər tik]

Vorsicht!	Oppas!	[oppas!]
Wirklich?	Regtig?	[reχtəχ?]
Sind Sie sicher?	Is jy seker?	[is jaj sekər?]
Viel Glück!	Voorspoed!	[foərspud!]
Klar!	Ek sien!	[ɛk sin!]
Schade!	Jammer!	[jammər!]

65. Zustimmung. Ablehnung

Einverständnis (n)	toelating	[tulatiŋ]
zustimmen (vi)	toelaat	[tulãt]
Billigung (f)	goedkeuring	[χudkøəriŋ]
billigen (vt)	goedkeur	[χudkøər]
Absage (f)	weiering	[væjeriŋ]
sich weigern	weier	[væjer]

Ausgezeichnet!	Wonderlik!	[vondərlik!]
Ganz recht!	Goed!	[χud!]
Gut! Okay!	OK!	[okej!]
verboten (Adj)	verbode	[ferbodə]

Es ist verboten	dit is verbode	[dit is ferbodə]
Es ist unmöglich	dis onmoontlik	[dis onmoentlik]
falsch	onjuis	[onjœis]

ablehnen (vt)	verwerp	[ferwerp]
unterstützen (vt)	steun	[støən]
akzeptieren (vt)	aanvaar	[ānfār]

bestätigen (vt)	bevestig	[befestəχ]
Bestätigung (f)	bevestiging	[befestəχiŋ]
Erlaubnis (f)	toelating	[tulatiŋ]
erlauben (vt)	toelaat	[tulāt]
Entscheidung (f)	besluit	[beslœit]
schweigen (nicht antworten)	stilbly	[stilblaj]

Bedingung (f)	voorwaarde	[foərwārdə]
Ausrede (f)	verskoning	[ferskoniŋ]
Lob (n)	lof	[lof]
loben (vt)	loof	[loəf]

66. Erfolg. Alles Gute. Misserfolg

Erfolg (m)	sukses	[suksɛs]
erfolgreich (Adv)	suksesvol	[suksɛsfol]
erfolgreich (Adj)	suksesvol	[suksɛsfol]

Glück (Glücksfall)	geluk	[χeluk]
Viel Glück!	Voorspoed!	[foərspud!]
Glücks- (z.B. -tag)	geluks-	[χeluks-]
glücklich (Adj)	gelukkig	[χelukkəχ]

Misserfolg (m)	mislukking	[mislukkiŋ]
Missgeschick (n)	teëspoed	[teɛsput]
Unglück (n)	teëspoed	[teɛsput]
missglückt (Adj)	onsuksesvol	[ɔŋsuksɛsfol]
Katastrophe (f)	katastrofe	[katastrofə]

Stolz (m)	trots	[trots]
stolz	trots	[trots]
stolz sein	trots wees	[trots veəs]

Sieger (m)	wenner	[vɛnnər]
siegen (vi)	wen	[ven]
verlieren (Spiel usw.)	verloor	[ferloər]
Versuch (m)	probeerslag	[probeərslaχ]
versuchen (vt)	probeer	[probeər]
Chance (f)	kans	[kaŋs]

67. Streit. Negative Gefühle

Schrei (m)	skreeu	[skriʊ]
schreien (vi)	skreeu	[skriʊ]

beginnen zu schreien	begin skreeu	[beχin skriʊ]
Zank (m)	rusie	[rusi]
sich zanken	baklei	[baklæj]
Riesenkrach (m)	stryery	[strajerəj]
Krach haben	spektakel maak	[spektakəl māk]
Konflikt (m)	konflik	[konflik]
Missverständnis (n)	misverstand	[misferstant]
Kränkung (f)	belediging	[beledəχiŋ]
kränken (vt)	beledig	[beledəχ]
gekränkt (Adj)	beledig	[beledəχ]
Beleidigung (f)	gekrenktheid	[χekrɛnkthæjt]
beleidigen (vt)	beledig	[beledəχ]
sich beleidigt fühlen	gekrenk voel	[χekrɛnk ful]
Empörung (f)	verontwaardiging	[ferontwārdəχiŋ]
sich empören	verontwaardig wees	[ferontwārdəχ veəs]
Klage (f)	klag	[klaχ]
klagen (vi)	kla	[kla]
Entschuldigung (f)	verskoning	[ferskoniŋ]
sich entschuldigen	verskoning vra	[ferskoniŋ fra]
um Entschuldigung bitten	om verskoning vra	[om ferskoniŋ fra]
Kritik (f)	kritiek	[kritik]
kritisieren (vt)	kritiseer	[kritiseər]
Anklage (f)	beskuldiging	[beskuldəχiŋ]
anklagen (vt)	beskuldig	[beskuldəχ]
Rache (f)	wraak	[vrāk]
rächen (vt)	wreek	[vreək]
sich rächen	wraak neem	[vrāk neəm]
Verachtung (f)	minagting	[minaχtiŋ]
verachten (vt)	minag	[minaχ]
Hass (m)	haat	[hāt]
hassen (vt)	haat	[hāt]
nervös	senuweeagtig	[senuveə·aχtəχ]
nervös sein	senuweeagtig wees	[senuveə·aχtəχ veəs]
verärgert	kwaad	[kwāt]
ärgern (vt)	kwaad maak	[kwāt māk]
Erniedrigung (f)	vernedering	[fernedəriŋ]
erniedrigen (vt)	verneder	[fernedər]
sich erniedrigen	jouself verneder	[jæʊsɛlf fernedər]
Schock (m)	skok	[skok]
schockieren (vt)	skok	[skok]
Ärger (m)	probleme	[probləmə]
unangenehm	onaangenaam	[onānχənām]
Angst (f)	vrees	[freəs]
furchtbar (z.B. -e Sturm)	verskriklik	[ferskriklik]
schrecklich	vreesaanjaend	[freəsānjaent]

| Entsetzen (n) | afgryse | [afχrajsə] |
| entsetzlich | vreeslik | [freəslik] |

zittern (vi)	begin beef	[beχin beəf]
weinen (vi)	huil	[hœil]
anfangen zu weinen	begin huil	[beχin hœil]
Träne (f)	traan	[trān]

Schuld (f)	skuld	[skult]
Schuldgefühl (n)	skuldgevoel	[skultχəful]
Schmach (f)	skande	[skandə]
Protest (m)	protes	[protes]
Stress (m)	stres	[stres]

stören (vt)	steur	[støər]
sich ärgern	woedend wees	[vudent veəs]
ärgerlich	kwaad	[kwāt]
abbrechen (vi)	beëindig	[beɛindəχ]
schelten (vi)	sweer	[sweər]

erschrecken (vi)	skrik	[skrik]
schlagen (vt)	slaan	[slān]
sich prügeln	baklei	[baklæj]

beilegen (Konflikt usw.)	besleg	[besleχ]
unzufrieden	ontevrede	[ontefredə]
wütend	woedend	[vudent]

| Das ist nicht gut! | Dis nie goed nie! | [dis ni χut ni!] |
| Das ist schlecht! | Dis sleg! | [dis sleχ!] |

Medizin

68. Krankheiten

Krankheit (f)	siekte	[siktə]
krank sein	siek wees	[sik veəs]
Gesundheit (f)	gesondheid	[χesonthæjt]
Schnupfen (m)	loopneus	[loəpnøəs]
Angina (f)	keelontsteking	[keəl·ontstekiŋ]
Erkältung (f)	verkoue	[ferkæʋə]
Bronchitis (f)	bronchitis	[bronχitis]
Lungenentzündung (f)	longontsteking	[loŋ·ontstekiŋ]
Grippe (f)	griep	[χrip]
kurzsichtig	bysiende	[bajsində]
weitsichtig	versiende	[fersində]
Schielen (n)	skeelheid	[skeəlhæjt]
schielend (Adj)	skeel	[skeəl]
grauer Star (m)	katarak	[katarak]
Glaukom (n)	gloukoom	[χlæʋkoəm]
Schlaganfall (m)	beroerte	[berurtə]
Infarkt (m)	hartaanval	[hart·ānfal]
Herzinfarkt (m)	hartinfark	[hart·infark]
Lähmung (f)	verlamming	[ferlammiŋ]
lähmen (vt)	verlam	[ferlam]
Allergie (f)	allergie	[allerχi]
Asthma (n)	asma	[asma]
Diabetes (m)	suikersiekte	[sœikər·siktə]
Zahnschmerz (m)	tandpyn	[tand·pajn]
Karies (f)	tandbederf	[tand·bederf]
Durchfall (m)	diarree	[diarreə]
Verstopfung (f)	hardlywigheid	[hardlajviχæjt]
Magenverstimmung (f)	maagongesteldheid	[māχ·oŋəstɛldhæjt]
Vergiftung (f)	voedselvergiftiging	[fudsəl·ferχiftəχiŋ]
Vergiftung bekommen	voedselvergiftiging kry	[fudsəl·ferχiftəχiŋ kraj]
Arthritis (f)	artritis	[artritis]
Rachitis (f)	Engelse siekte	[ɛŋəlsə siktə]
Rheumatismus (m)	reumatiek	[røəmatik]
Atherosklerose (f)	artrosklerose	[artrosklerosə]
Gastritis (f)	maagontsteking	[māχ·ontstekiŋ]
Blinddarmentzündung (f)	blindedermontsteking	[blindəderm·ontstekiŋ]
Cholezystitis (f)	galblaasontsteking	[χalblās·ontstekiŋ]

Geschwür (n)	maagsweer	[mãχsweər]
Masern (pl)	masels	[masɛls]
Röteln (pl)	Duitse masels	[dœitsə masɛls]
Gelbsucht (f)	geelsug	[χeəlsuχ]
Hepatitis (f)	hepatitis	[hepatitis]

Schizophrenie (f)	skisofrenie	[skisofreni]
Tollwut (f)	hondsdolheid	[hondsdolhæjt]
Neurose (f)	neurose	[nøərosə]
Gehirnerschütterung (f)	harsingskudding	[harsiŋ·skuddiŋ]

Krebs (m)	kanker	[kankər]
Sklerose (f)	sklerose	[sklerosə]
multiple Sklerose (f)	veelvuldige sklerose	[feəlfuldiχə sklerosə]

Alkoholismus (m)	alkoholisme	[alkoholismə]
Alkoholiker (m)	alkoholikus	[alkoholikus]
Syphilis (f)	sifilis	[sifilis]
AIDS	VIGS	[vigs]

Tumor (m)	tumor	[tumor]
bösartig	kwaadaardig	[kwãdãrdəχ]
gutartig	goedaardig	[χudãrdəχ]

Fieber (n)	koors	[koərs]
Malaria (f)	malaria	[malaria]
Gangrän (f, n)	gangreen	[χanχreən]
Seekrankheit (f)	seesiekte	[seə·siktə]
Epilepsie (f)	epilepsie	[ɛpilepsi]

Epidemie (f)	epidemie	[ɛpidemi]
Typhus (m)	tifus	[tifus]
Tuberkulose (f)	tuberkulose	[tuberkulosə]
Cholera (f)	cholera	[χolera]
Pest (f)	pes	[pes]

69. Symptome. Behandlungen. Teil 1

Symptom (n)	simptoom	[simptoəm]
Temperatur (f)	temperatuur	[temperatɪr]
Fieber (n)	koors	[koərs]
Puls (m)	polsslag	[pols·slaχ]

Schwindel (m)	duiseligheid	[dœiseliχæjt]
heiß (Stirne usw.)	warm	[varm]
Schüttelfrost (m)	koue rillings	[kæʊə rilliŋs]
blass (z.B. -es Gesicht)	bleek	[bleək]

Husten (m)	hoes	[hus]
husten (vi)	hoes	[hus]
niesen (vi)	nies	[nis]
Ohnmacht (f)	floute	[flæʊtə]
ohnmächtig werden	flou word	[flæʊ vort]
blauer Fleck (m)	blou kol	[blæʊ kol]

Beule (f)	knop	[knop]
sich stoßen	stamp	[stamp]
Prellung (f)	besering	[beseriŋ]

hinken (vi)	hink	[hink]
Verrenkung (f)	ontwrigting	[ontwriχtiŋ]
ausrenken (vt)	ontwrig	[ontwrəχ]
Fraktur (f)	breuk	[brøək]
brechen (Arm usw.)	n breuk hê	[n brøək hɛ:]

Schnittwunde (f)	sny	[snaj]
sich schneiden	jouself sny	[jæʊsɛlf snaj]
Blutung (f)	bloeding	[bludiŋ]

| Verbrennung (f) | brandwond | [brant·vont] |
| sich verbrennen | jouself brand | [jæʊsɛlf brant] |

stechen (vt)	prik	[prik]
sich stechen	jouself prik	[jæʊsɛlf prik]
verletzen (vt)	seermaak	[seərmāk]
Verletzung (f)	besering	[beseriŋ]
Wunde (f)	wond	[vont]
Trauma (n)	trauma	[trɔuma]

irrereden (vi)	yl	[ajl]
stottern (vi)	stotter	[stottər]
Sonnenstich (m)	sonsteek	[sɔŋ·steək]

70. Symptome. Behandlungen. Teil 2

| Schmerz (m) | pyn | [pajn] |
| Splitter (m) | splinter | [splintər] |

Schweiß (m)	sweet	[sweət]
schwitzen (vi)	sweet	[sweət]
Erbrechen (n)	braak	[brāk]
Krämpfe (pl)	stuiptrekkings	[stœip·trɛkkiŋs]

schwanger	swanger	[swaŋər]
geboren sein	gebore word	[χeborə vort]
Geburt (f)	geboorte	[χeboərtə]
gebären (vt)	baar	[bār]
Abtreibung (f)	aborsie	[aborsi]

Atem (m)	asemhaling	[asemhaliŋ]
Atemzug (m)	inaseming	[inasemiŋ]
Ausatmung (f)	uitaseming	[œitasemiŋ]
ausatmen (vt)	uitasem	[œitasem]
einatmen (vt)	inasem	[inasem]

Invalide (m)	invalide	[infalidə]
Krüppel (m)	kreupel	[krøəpəl]
Drogenabhängiger (m)	dwelmslaaf	[dwɛlm·slāf]
taub	doof	[doəf]

| stumm | stom | [stom] |
| taubstumm | doofstom | [doəf·stom] |

verrückt (Adj)	swaksinnig	[swaksinnəχ]
Irre (m)	kranksinnige	[kranksinniχə]
Irre (f)	kranksinnige	[kranksinniχə]
den Verstand verlieren	kranksinnig word	[kranksinnəχ vort]

Gen (n)	geen	[χeən]
Immunität (f)	immuniteit	[immunitæjt]
erblich	erflik	[ɛrflik]
angeboren	aangebore	[ānχəborə]

Virus (m, n)	virus	[firus]
Mikrobe (f)	mikrobe	[mikrobə]
Bakterie (f)	bakterie	[bakteri]
Infektion (f)	infeksie	[infɛksi]

71. Symptome. Behandlungen. Teil 3

| Krankenhaus (n) | hospitaal | [hospitāl] |
| Patient (m) | pasiënt | [pasiɛnt] |

Diagnose (f)	diagnose	[diaχnosə]
Heilung (f)	genesing	[χenesiŋ]
Behandlung (f)	mediese behandeling	[medisə behandəliŋ]
Behandlung bekommen	behandeling kry	[behandəliŋ kraj]
behandeln (vt)	behandel	[behandəl]
pflegen (Kranke)	versorg	[fersorχ]
Pflege (f)	versorging	[fersorχiŋ]

Operation (f)	operasie	[operasi]
verbinden (vt)	verbind	[ferbint]
Verband (m)	verband	[ferbant]
Impfung (f)	inenting	[inɛntiŋ]
impfen (vt)	inent	[inɛnt]
Spritze (f)	inspuiting	[inspœitiŋ]

Anfall (m)	aanval	[ānfal]
Amputation (f)	amputasie	[amputasi]
amputieren (vt)	amputeer	[amputeər]
Koma (n)	koma	[koma]
Reanimation (f)	intensiewe sorg	[intɛnsivə sorχ]

genesen von … (vi)	herstel	[herstəl]
Zustand (m)	kondisie	[kondisi]
Bewusstsein (n)	bewussyn	[bevussajn]
Gedächtnis (n)	geheue	[χəhøə]

ziehen (einen Zahn ~)	trek	[trek]
Plombe (f)	vulsel	[fulsəl]
plombieren (vt)	vul	[ful]
Hypnose (f)	hipnose	[hipnosə]
hypnotisieren (vt)	hipnotiseer	[hipnotiseər]

72. Ärzte

Arzt (m)	dokter	[doktər]
Krankenschwester (f)	verpleegster	[ferpleəχ·stər]
Privatarzt (m)	lyfarts	[lajf·arts]

Zahnarzt (m)	tandarts	[tand·arts]
Augenarzt (m)	oogarts	[oəχ·arts]
Internist (m)	internis	[internis]
Chirurg (m)	chirurg	[ʃirurχ]

Psychiater (m)	psigiater	[psiχiatər]
Kinderarzt (m)	kinderdokter	[kindər·doktər]
Psychologe (m)	sielkundige	[silkundiχə]
Frauenarzt (m)	ginekoloog	[χinekoloəχ]
Kardiologe (m)	kardioloog	[kardioloəχ]

73. Medizin. Medikamente. Accessoires

| Arznei (f) | medisyn | [medisajn] |
| Heilmittel (n) | geneesmiddel | [χeneəs·middəl] |

| verschreiben (vt) | voorskryf | [foərskrajf] |
| Rezept (n) | voorskrif | [foərskrif] |

Tablette (f)	pil	[pil]
Salbe (f)	salf	[salf]
Ampulle (f)	ampul	[ampul]
Mixtur (f)	mengsel	[meŋsəl]
Sirup (m)	stroop	[stroəp]

| Pille (f) | pil | [pil] |
| Pulver (n) | poeier | [pujer] |

Verband (m)	verband	[ferbant]
Watte (f)	watte	[vattə]
Jod (n)	iodium	[iodium]

| Pflaster (n) | pleister | [plæjstər] |
| Pipette (f) | oogdrupper | [oəχ·druppər] |

| Thermometer (n) | termometer | [termometər] |
| Spritze (f) | spuitnaald | [spœit·nãlt] |

| Rollstuhl (m) | rolstoel | [rol·stul] |
| Krücken (pl) | krukke | [krukkə] |

| Betäubungsmittel (n) | pynstiller | [pajn·stillər] |
| Abführmittel (n) | lakseermiddel | [lakseər·middəl] |

Spiritus (m)	spiritus	[spiritus]
Heilkraut (n)	geneeskragtige kruie	[χeneəs·kraχtiχə krœiə]
Kräuter- (z.B. Kräutertee)	kruie-	[krœie-]

74. Rauchen. Tabakwaren

Tabak (m)	tabak	[tabak]
Zigarette (f)	sigaret	[siχaret]
Zigarre (f)	sigaar	[siχār]
Pfeife (f)	pyp	[pajp]
Packung (f)	pakkie	[pakki]

Streichhölzer (pl)	vuurhoutjies	[fɪrhæʊkis]
Streichholzschachtel (f)	vuurhoutjiedosie	[fɪrhæʊki·dosi]
Feuerzeug (n)	aansteker	[ānstekər]
Aschenbecher (m)	asbak	[asbak]
Zigarettenetui (n)	sigarethouer	[siχaret·hæʊər]

| Mundstück (n) | sigaretpypie | [siχaret·pajpi] |
| Filter (n) | filter | [filtər] |

rauchen (vi, vt)	rook	[roək]
anrauchen (vt)	aansteek	[ānsteək]
Rauchen (n)	rook	[roək]
Raucher (m)	roker	[rokər]

Stummel (m)	stompie	[stompi]
Rauch (m)	rook	[roək]
Asche (f)	as	[as]

LEBENSRAUM DES MENSCHEN

Stadt

75. Stadt. Leben in der Stadt

Stadt (f)	stad	[stat]
Hauptstadt (f)	hoofstad	[hoəf·stat]
Dorf (n)	dorp	[dorp]
Stadtplan (m)	stadskaart	[stats·kãrt]
Stadtzentrum (n)	sentrum	[sentrum]
Vorort (m)	voorstad	[foərstat]
Vorort-	voorstedelik	[foərstedelik]
Stadtrand (m)	buitewyke	[bœitəvajkə]
Umgebung (f)	omgewing	[omχeviŋ]
Stadtviertel (n)	stadswyk	[stats·wajk]
Wohnblock (m)	woonbuurt	[voənbɪrt]
Straßenverkehr (m)	verkeer	[ferkeər]
Ampel (f)	robot	[robot]
Stadtverkehr (m)	openbare vervoer	[openbarə ferfur]
Straßenkreuzung (f)	kruispunt	[krœis·punt]
Übergang (m)	sebraoorgang	[sebra·oərχaŋ]
Fußgängerunterführung (f)	voetgangertonnel	[futχaŋər·tonnəl]
überqueren (vt)	oorsteek	[oərsteək]
Fußgänger (m)	voetganger	[futχaŋər]
Gehweg (m)	sypaadjie	[saj·pãdʒi]
Brücke (f)	brug	[bruχ]
Kai (m)	wal	[val]
Springbrunnen (m)	fontein	[fontæjn]
Allee (f)	laning	[laniŋ]
Park (m)	park	[park]
Boulevard (m)	boulevard	[bulefar]
Platz (m)	plein	[plæjn]
Avenue (f)	laan	[lãn]
Straße (f)	straat	[strãt]
Gasse (f)	systraat	[saj·strãt]
Sackgasse (f)	doodloopstraat	[doədloəp·strãt]
Haus (n)	huis	[hœis]
Gebäude (n)	gebou	[χebæʊ]
Wolkenkratzer (m)	wolkekrabber	[volkə·krabbər]
Fassade (f)	gewel	[χevəl]
Dach (n)	dak	[dak]

Fenster (n)	venster	[fɛŋstər]
Bogen (m)	arkade	[arkadə]
Säule (f)	kolom	[kolom]
Ecke (f)	hoek	[huk]

Schaufenster (n)	uitstalraam	[œitstalrãm]
Firmenschild (n)	reklamebord	[reklamə·bort]
Anschlag (m)	plakkaat	[plakkãt]
Werbeposter (m)	reklameplakkaat	[reklamə·plakkãt]
Werbeschild (n)	aanplakbord	[ãnplakbort]

Müll (m)	vullis	[fullis]
Mülleimer (m)	vullisbak	[fullis·bak]
Abfall wegwerfen	rommel strooi	[romməl stroj]
Mülldeponie (f)	vullishoop	[fullis·hoəp]

Telefonzelle (f)	telefoonhokkie	[telefoən·hokki]
Straßenlaterne (f)	lamppaal	[lamp·pãl]
Bank (Park-)	bank	[bank]

Polizist (m)	polisieman	[polisi·man]
Polizei (f)	polisie	[polisi]
Bettler (m)	bedelaar	[bedelãr]
Obdachlose (m)	daklose	[daklosə]

76. Innerstädtische Einrichtungen

Laden (m)	winkel	[vinkəl]
Apotheke (f)	apteek	[apteək]
Optik (f)	optisiën	[optisiɛn]
Einkaufszentrum (n)	winkelsentrum	[vinkəl·sentrum]
Supermarkt (m)	supermark	[supermark]

Bäckerei (f)	bakkery	[bakkeraj]
Bäcker (m)	bakker	[bakkər]
Konditorei (f)	banketbakkery	[banket·bakkeraj]
Lebensmittelladen (m)	kruidenierswinkel	[krœidenirs·vinkəl]
Metzgerei (f)	slagter	[slaχtər]

| Gemüseladen (m) | groentewinkel | [χruntə·vinkəl] |
| Markt (m) | mark | [mark] |

Kaffeehaus (n)	koffiekroeg	[koffi·kruχ]
Restaurant (n)	restaurant	[restɔurant]
Bierstube (f)	kroeg	[kruχ]
Pizzeria (f)	pizzeria	[pizzeria]

Friseursalon (m)	haarsalon	[hãr·salon]
Post (f)	poskantoor	[pos·kantoər]
chemische Reinigung (f)	droogskoonmakers	[droəχ·skoən·makers]
Fotostudio (n)	fotostudio	[foto·studio]

| Schuhgeschäft (n) | skoenwinkel | [skun·vinkəl] |
| Buchhandlung (f) | boekhandel | [buk·handəl] |

Sportgeschäft (n)	sportwinkel	[sport·vinkəl]
Kleiderreparatur (f)	klereherstelwinkel	[klerə·herstəl·vinkəl]
Bekleidungsverleih (m)	klereverhuurwinkel	[klerə·ferhɪr·vinkəl]
Videothek (f)	videowinkel	[video·vinkəl]

Zirkus (m)	sirkus	[sirkus]
Zoo (m)	dieretuin	[dirə·tœin]
Kino (n)	bioskoop	[bioskoəp]
Museum (n)	museum	[musøəm]
Bibliothek (f)	biblioteek	[biblioteək]

Theater (n)	teater	[teatər]
Opernhaus (n)	opera	[opera]
Nachtklub (m)	nagklub	[naχ·klup]
Kasino (n)	kasino	[kasino]

Moschee (f)	moskee	[moskeə]
Synagoge (f)	sinagoge	[sinaχoχə]
Kathedrale (f)	katedraal	[katedräl]
Tempel (m)	tempel	[tempəl]
Kirche (f)	kerk	[kerk]

Institut (n)	kollege	[kolledʒ]
Universität (f)	universiteit	[unifersitæjt]
Schule (f)	skool	[skoəl]

Präfektur (f)	stadhuis	[stat·hœis]
Rathaus (n)	stadhuis	[stat·hœis]
Hotel (n)	hotel	[hotəl]
Bank (f)	bank	[bank]

Botschaft (f)	ambassade	[ambassadə]
Reisebüro (n)	reisagentskap	[ræjs·aχentskap]
Informationsbüro (n)	inligtingskantoor	[inliχtiŋs·kantoər]
Wechselstube (f)	wisselkantoor	[vissəl·kantoər]

| U-Bahn (f) | metro | [metro] |
| Krankenhaus (n) | hospitaal | [hospitäl] |

| Tankstelle (f) | petrolstasie | [petrol·stasi] |
| Parkplatz (m) | parkeerterrein | [parkeər·terræjn] |

77. Innerstädtischer Transport

Bus (m)	bus	[bus]
Straßenbahn (f)	trem	[trem]
Obus (m)	trembus	[trembus]
Linie (f)	busroete	[bus·rutə]
Nummer (f)	nommer	[nommər]

mit … fahren	ry per …	[raj pər …]
einsteigen (vi)	inklim	[inklim]
aussteigen (aus dem Bus)	uitklim …	[œitklim …]
Haltestelle (f)	halte	[haltə]

nächste Haltestelle (f)	volgende halte	[folχendə haltə]
Endhaltestelle (f)	eindpunt	[æjnd·punt]
Fahrplan (m)	diensrooster	[diŋs·roəstər]
warten (vi, vt)	wag	[vaχ]

Fahrkarte (f)	kaartjie	[kārki]
Fahrpreis (m)	reistarief	[ræjs·tarif]

Kassierer (m)	kaartjieverkoper	[kārki·ferkopər]
Fahrkartenkontrolle (f)	kaartjiekontrole	[kārki·kontrolə]
Fahrkartenkontrolleur (m)	kontroleur	[kontroløər]

sich verspäten	laat wees	[lāt veəs]
versäumen (Zug usw.)	mis	[mis]
sich beeilen	haastig wees	[hāstəχ veəs]

Taxi (n)	taxi	[taksi]
Taxifahrer (m)	taxibestuurder	[taksi·bestɪrdər]
mit dem Taxi	per taxi	[pər taksi]
Taxistand (m)	taxistaanplek	[taksi·stānplek]

Straßenverkehr (m)	verkeer	[ferkeər]
Stau (m)	verkeersknoop	[ferkeərs·knoəp]
Hauptverkehrszeit (f)	spitsuur	[spits·ɪr]
parken (vi)	parkeer	[parkeər]
parken (vt)	parkeer	[parkeər]
Parkplatz (m)	parkeerterrein	[parkeər·terræjn]

U-Bahn (f)	metro	[metro]
Station (f)	stasie	[stasi]
mit der U-Bahn fahren	die metro vat	[di metro fat]
Zug (m)	trein	[træjn]
Bahnhof (m)	treinstasie	[træjn·stasi]

78. Sehenswürdigkeiten

Denkmal (n)	monument	[monument]
Festung (f)	fort	[fort]
Palast (m)	paleis	[palæjs]
Schloss (n)	kasteel	[kasteəl]
Turm (m)	toring	[toriŋ]
Mausoleum (n)	mausoleum	[mɔusoløəm]

Architektur (f)	argitektuur	[arχitektɪr]
mittelalterlich	Middeleeus	[middeliʊs]
alt (antik)	oud	[æʊt]
national	nasionaal	[naʃionāl]
berühmt	bekend	[bekent]

Tourist (m)	toeris	[turis]
Fremdenführer (m)	gids	[χids]
Ausflug (m)	uitstappie	[œitstappi]
zeigen (vt)	wys	[vajs]
erzählen (vt)	vertel	[fertəl]

75

finden (vt)	vind	[fint]
sich verlieren	verdwaal	[ferdwāl]
Karte (U-Bahn ~)	kaart	[kārt]
Karte (Stadt-)	kaart	[kārt]

Souvenir (n)	aandenking	[āndenkiŋ]
Souvenirladen (m)	geskenkwinkel	[xeskɛnk·vinkəl]
fotografieren (vt)	fotografeer	[fotoxrafeər]
sich fotografieren	jou portret laat maak	[jæʊ portret lāt māk]

79. Shopping

kaufen (vt)	koop	[koəp]
Einkauf (m)	aankoop	[ānkoəp]
einkaufen gehen	inkopies doen	[inkopis dun]
Einkaufen (n)	inkoop	[inkoəp]

offen sein (Laden)	oop wees	[oəp veəs]
zu sein	toe wees	[tu veəs]

Schuhe (pl)	skoeisel	[skuisəl]
Kleidung (f)	klere	[klerə]
Kosmetik (f)	kosmetika	[kosmetika]
Lebensmittel (pl)	voedingsware	[fudiŋs·warə]
Geschenk (n)	present	[present]

Verkäufer (m)	verkoper	[ferkopər]
Verkäuferin (f)	verkoopsdame	[ferkoəps·damə]

Kasse (f)	kassier	[kassir]
Spiegel (m)	spieël	[spiɛl]
Ladentisch (m)	toonbank	[toən·bank]
Umkleidekabine (f)	paskamer	[pas·kamər]

anprobieren (vt)	aanpas	[ānpas]
passen (Schuhe, Kleid)	pas	[pas]
gefallen (vi)	hou van	[hæʊ fan]

Preis (m)	prys	[prajs]
Preisschild (n)	pryskaartjie	[prajs·kārki]
kosten (vt)	kos	[kos]
Wie viel?	Hoeveel?	[hufeəl?]
Rabatt (m)	afslag	[afslax]

preiswert	billik	[billik]
billig	goedkoop	[xudkoəp]

teuer	duur	[dɪr]
Das ist teuer	dis duur	[dis dɪr]

Verleih (m)	verhuur	[ferhɪr]
leihen, mieten (ein Auto usw.)	verhuur	[ferhɪr]
Kredit (m), Darlehen (n)	krediet	[kredit]
auf Kredit	op krediet	[op kredit]

80. Geld

Geld (n)	geld	[χɛlt]
Austausch (m)	valutaruil	[faluta·rœil]
Kurs (m)	wisselkoers	[vissəl·kurs]
Geldautomat (m)	OTM	[o·te·em]
Münze (f)	muntstuk	[muntstuk]
Dollar (m)	dollar	[dollar]
Euro (m)	euro	[øəro]
Lira (f)	lira	[lira]
Mark (f)	Duitse mark	[dœitsə mark]
Franken (m)	frank	[frank]
Pfund Sterling (n)	pond sterling	[pont sterliŋ]
Yen (m)	yen	[jɛn]
Schulden (pl)	skuld	[skult]
Schuldner (m)	skuldenaar	[skuldenãr]
leihen (vt)	uitleen	[œitleən]
leihen, borgen (Geld usw.)	leen	[leən]
Bank (f)	bank	[bank]
Konto (n)	rekening	[rekəniŋ]
einzahlen (vt)	deponeer	[deponeər]
abheben (vt)	trek	[trek]
Kreditkarte (f)	kredietkaart	[kredit·kãrt]
Bargeld (n)	kontant	[kontant]
Scheck (m)	tjek	[ʧek]
Scheckbuch (n)	tjekboek	[ʧek·buk]
Geldtasche (f)	beursie	[bøərsi]
Geldbeutel (m)	muntstukbeursie	[muntstuk·bøərsi]
Safe (m)	brandkas	[brant·kas]
Erbe (m)	erfgenaam	[ɛrfχənãm]
Erbschaft (f)	erfenis	[ɛrfenis]
Vermögen (n)	fortuin	[fortœin]
Pacht (f)	huur	[hɪr]
Miete (f)	huur	[hɪr]
mieten (vt)	huur	[hɪr]
Preis (m)	prys	[prajs]
Kosten (pl)	prys	[prajs]
Summe (f)	som	[som]
ausgeben (vt)	spandeer	[spandeər]
Ausgaben (pl)	onkoste	[onkostə]
sparen (vt)	besuinig	[besœinəχ]
sparsam	ekonomies	[ɛkonomis]
zahlen (vt)	betaal	[betãl]
Lohn (m)	betaling	[betaliŋ]

Wechselgeld (n)	wisselgeld	[vissəl·χɛlt]
Steuer (f)	belasting	[belastiŋ]
Geldstrafe (f)	boete	[butə]
bestrafen (vt)	beboet	[bebut]

81. Post. Postdienst

Post (Postamt)	poskantoor	[pos·kantoər]
Post (Postsendungen)	pos	[pos]
Briefträger (m)	posbode	[pos·bodə]
Öffnungszeiten (pl)	besigheidsure	[besiχæjts·urə]

Brief (m)	brief	[brif]
Einschreibebrief (m)	geregistreerde brief	[χereχistreərdə brif]
Postkarte (f)	poskaart	[pos·kãrt]
Telegramm (n)	telegram	[teleχram]
Postpaket (n)	pakkie	[pakki]
Geldanweisung (f)	geldoorplasing	[χɛld·oərplasiŋ]

bekommen (vt)	ontvang	[ontfaŋ]
abschicken (vt)	stuur	[stɪr]
Absendung (f)	versending	[fersendiŋ]

Postanschrift (f)	adres	[adres]
Postleitzahl (f)	poskode	[pos·kodə]
Absender (m)	sender	[sendər]
Empfänger (m)	ontvanger	[ontfaŋər]

Vorname (m)	voornaam	[foərnãm]
Nachname (m)	van	[fan]

Tarif (m)	postarief	[pos·tarif]
Standard- (Tarif)	standaard	[standãrt]
Spar- (-tarif)	ekonomies	[ɛkonomis]

Gewicht (n)	gewig	[χevəχ]
abwiegen (vt)	weeg	[veəχ]
Briefumschlag (m)	koevert	[kufert]
Briefmarke (f)	posseël	[pos·seɛl]

Wohnung. Haus. Zuhause

82. Haus. Wohnen

Haus (n)	huis	[hœis]
zu Hause	tuis	[tœis]
Hof (m)	werf	[verf]
Zaun (m)	omheining	[omhæejniŋ]
Ziegel (m)	baksteen	[baksteən]
Ziegel-	baksteen-	[baksteən-]
Stein (m)	klip	[klip]
Stein-	klip-	[klip-]
Beton (m)	beton	[beton]
Beton-	beton-	[beton-]
neu	nuut	[nɪt]
alt	ou	[æʊ]
baufällig	vervalle	[ferfallə]
modern	moderne	[modernə]
mehrstöckig	multiverdieping-	[multi·ferdipiŋ-]
hoch	hoë	[hoɛ]
Stock (m)	verdieping	[ferdipiŋ]
einstöckig	enkelverdieping	[ɛnkəl·ferdipiŋ]
Erdgeschoß (n)	eerste verdieping	[eərstə ferdipiŋ]
oberster Stock (m)	boonste verdieping	[boəŋstə verdipiŋ]
Dach (n)	dak	[dak]
Schlot (m)	skoorsteen	[skoərsteən]
Dachziegel (m)	dakteëls	[dakteɛls]
Dachziegel-	geteël	[χeteɛl]
Dachboden (m)	solder	[soldər]
Fenster (n)	venster	[fɛŋstər]
Glas (n)	glas	[χlas]
Fensterbrett (n)	vensterbank	[fɛŋstər·bank]
Fensterläden (pl)	luik	[lœik]
Wand (f)	muur	[mɪr]
Balkon (m)	balkon	[balkon]
Regenfallrohr (n)	reënpyp	[reɛn·pajp]
nach oben	bo	[bo]
hinaufgehen (vi)	boontoe gaan	[boentu χān]
herabsteigen (vi)	afkom	[afkom]
umziehen (vi)	verhuis	[ferhœis]

79

83. Haus. Eingang. Lift

Eingang (m)	ingang	[inχaŋ]
Treppe (f)	trap	[trap]
Stufen (pl)	treetjies	[treəkis]
Geländer (n)	leuning	[løəniŋ]
Halle (f)	voorportaal	[foər·portāl]

Briefkasten (m)	posbus	[pos·bus]
Müllkasten (m)	vullisblik	[fullis·blik]
Müllschlucker (m)	vullisgeut	[fullis·χøət]

Aufzug (m)	hysbak	[hajsbak]
Lastenaufzug (m)	vraghysbak	[fraχ·hajsbak]
Aufzugkabine (f)	hysbak	[hajsbak]
Aufzug nehmen	hysbak neem	[hajsbak neəm]

Wohnung (f)	woonstel	[voəŋstəl]
Mieter (pl)	bewoners	[bevoners]
Nachbar (m)	buurman	[bɪrman]
Nachbarin (f)	buurvrou	[bɪrfræʊ]
Nachbarn (pl)	bure	[burə]

84. Haus. Türen. Schlösser

Tür (f)	deur	[døər]
Tor (der Villa usw.)	hek	[hek]
Griff (m)	deurknop	[døər·knop]
aufschließen (vt)	oopsluit	[oəpslœit]
öffnen (vt)	oopmaak	[oəpmāk]
schließen (vt)	sluit	[slœit]

Schlüssel (m)	sleutel	[sløətəl]
Bündel (n)	bos	[bos]

knarren (vi)	kraak	[krāk]
Knarren (n)	gekraak	[χekrāk]
Türscharnier (n)	skarnier	[skarnir]
Fußmatte (f)	deurmat	[døər·mat]

Schloss (n)	deurslot	[døər·slot]
Schlüsselloch (n)	sleutelgat	[sløətəl·χat]
Türriegel (m)	grendel	[χrendəl]
kleiner Türriegel (m)	deurknip	[døər·knip]
Vorhängeschloss (n)	hangslot	[haŋslot]

klingeln (vi)	lui	[lœi]
Klingel (Laut)	gelui	[χelœi]
Türklingel (f)	deurklokkie	[døər·klokki]

Knopf (m)	belknoppie	[bɛl·knoppi]
Klopfen (n)	klop	[klop]
anklopfen (vi)	klop	[klop]

Code (m)	kode	[kodə]
Zahlenschloss (n)	kombinasieslot	[kombinasi·slot]
Sprechanlage (f)	interkom	[interkom]
Nummer (f)	nommer	[nommər]
Türschild (n)	naambordjie	[nām·bordʒi]
Türspion (m)	loergaatjie	[lurχāki]

85. Landhaus

Dorf (n)	dorp	[dorp]
Gemüsegarten (m)	groentetuin	[χruntə·tœin]
Zaun (m)	heining	[hæjniŋ]
Lattenzaun (m)	spitspaalheining	[spitspāl·hæjniŋ]
Zauntür (f)	tuinhekkie	[tœin·hɛkki]

Speicher (m)	graanstoorplek	[χrāŋ·stoərplek]
Keller (m)	wortelkelder	[vortəl·keldər]
Schuppen (m)	tuinhuisie	[tœin·hœisi]
Brunnen (m)	waterput	[vatər·put]

Ofen (m)	houtkaggel	[hæʊt·kaχχəl]
heizen (Ofen ~)	die houtkaggel stook	[di hæʊt·kaχχəl stoək]
Holz (n)	brandhout	[brant·hæʊt]
Holzscheit (n)	stomp	[stomp]

Veranda (f)	stoep	[stup]
Terrasse (f)	dek	[dek]
Außentreppe (f)	ingangstrappie	[inχaŋs·trappi]
Schaukel (f)	swaai	[swāi]

86. Burg. Palast

Schloss (n)	kasteel	[kasteəl]
Palast (m)	paleis	[palæjs]
Festung (f)	fort	[fort]

Mauer (f)	ringmuur	[riŋ·mɪr]
Turm (m)	toring	[toriŋ]
Bergfried (m)	toring	[toriŋ]

Fallgatter (n)	valhek	[falhek]
Tunnel (n)	tonnel	[tonnəl]
Graben (m)	grag	[χraχ]

Kette (f)	ketting	[kɛttiŋ]
Schießscharte (f)	skietgat	[skitχat]

großartig, prächtig	pragtig	[praχtəχ]
majestätisch	majestueus	[majestuøes]

unnahbar	onneembaar	[onneəmbār]
mittelalterlich	Middeleeus	[middeliʊs]

87. Wohnung

Wohnung (f)	woonstel	[voəŋstəl]
Zimmer (n)	kamer	[kamər]
Schlafzimmer (n)	slaapkamer	[slãp·kamər]
Esszimmer (n)	eetkamer	[eət·kamər]
Wohnzimmer (n)	sitkamer	[sit·kamər]
Arbeitszimmer (n)	studeerkamer	[studeər·kamər]
Vorzimmer (n)	ingangsportaal	[inχaŋs·portãl]
Badezimmer (n)	badkamer	[bad·kamər]
Toilette (f)	toilet	[tojlet]
Decke (f)	plafon	[plafon]
Fußboden (m)	vloer	[flur]
Ecke (f)	hoek	[huk]

88. Wohnung. Saubermachen

aufräumen (vt)	skoonmaak	[skoənmãk]
weglegen (vt)	bêre	[bærə]
Staub (m)	stof	[stof]
staubig	stoffig	[stoffəχ]
Staub abwischen	afstof	[afstof]
Staubsauger (m)	stofsuier	[stof·sœiər]
Staub saugen	stofsuig	[stofsœiχ]
kehren, fegen (vt)	vee	[feə]
Kehricht (m, n)	veegsel	[feəχsəl]
Ordnung (f)	orde	[ordə]
Unordnung (f)	wanorde	[vanordə]
Schrubber (m)	mop	[mop]
Lappen (m)	stoflap	[stoflap]
Besen (m)	kort besem	[kort besem]
Kehrichtschaufel (f)	skoppie	[skoppi]

89. Möbel. Innenausstattung

Möbel (n)	meubels	[møəbɛls]
Tisch (m)	tafel	[tafel]
Stuhl (m)	stoel	[stul]
Bett (n)	bed	[bet]
Sofa (n)	rusbank	[rusbank]
Sessel (m)	gemakstoel	[χemak·stul]
Bücherschrank (m)	boekkas	[buk·kas]
Regal (n)	rak	[rak]
Schrank (m)	klerekas	[klerə·kas]
Hakenleiste (f)	kapstok	[kapstok]

Kleiderständer (m)	kapstok	[kapstok]
Kommode (f)	laaikas	[läjkas]
Couchtisch (m)	koffietafel	[koffi·tafəl]

Spiegel (m)	spieël	[spiɛl]
Teppich (m)	mat	[mat]
Matte (kleiner Teppich)	matjie	[maki]

Kamin (m)	vuurherd	[fɪr·hert]
Kerze (f)	kers	[kers]
Kerzenleuchter (m)	kandelaar	[kandelãr]

Vorhänge (pl)	gordyne	[xordajnə]
Tapete (f)	muurpapier	[mɪr·papir]
Jalousie (f)	blindings	[blindiŋs]

Tischlampe (f)	tafellamp	[tafel·lamp]
Leuchte (f)	muurlamp	[mɪr·lamp]
Stehlampe (f)	staanlamp	[stãn·lamp]
Kronleuchter (m)	kroonlugter	[kroən·luxtər]

Bein (Tischbein usw.)	poot	[poət]
Armlehne (f)	armleuning	[arm·løəniŋ]
Lehne (f)	rugleuning	[rux·løəniŋ]
Schublade (f)	laai	[lãi]

90. Bettwäsche

Bettwäsche (f)	beddegoed	[beddə·xut]
Kissen (n)	kussing	[kussiŋ]
Kissenbezug (m)	kussingsloop	[kussiŋ·sloəp]
Bettdecke (f)	duvet	[dufet]
Laken (n)	laken	[laken]
Tagesdecke (f)	bedsprei	[bed·spræj]

91. Küche

Küche (f)	kombuis	[kombœis]
Gas (n)	gas	[xas]
Gasherd (m)	gasstoof	[xas·stoəf]
Elektroherd (m)	elektriese stoof	[elektrisə stoəf]
Backofen (m)	oond	[oent]
Mikrowellenherd (m)	mikrogolfoond	[mikroxolf·oent]

Kühlschrank (m)	yskas	[ajs·kas]
Tiefkühltruhe (f)	vrieskas	[friskas]
Geschirrspülmaschine (f)	skottelgoedwasser	[skottɛlxud·wassər]

Fleischwolf (m)	vleismeul	[flæjs·møəl]
Saftpresse (f)	versapper	[fersappər]
Toaster (m)	broodrooster	[broəd·roəstər]
Mixer (m)	menger	[meŋər]

Kaffeemaschine (f)	koffiemasjien	[koffi·maʃin]
Kaffeekanne (f)	koffiepot	[koffi·pot]
Kaffeemühle (f)	koffiemeul	[koffi·møəl]

Wasserkessel (m)	fluitketel	[flœit·ketəl]
Teekanne (f)	teepot	[teə·pot]
Deckel (m)	deksel	[deksəl]
Teesieb (n)	teesiffie	[teə·siffi]

Löffel (m)	lepel	[lepəl]
Teelöffel (m)	teelepeltjie	[teə·lepəlki]
Esslöffel (m)	soplepel	[sop·lepəl]
Gabel (f)	vurk	[furk]
Messer (n)	mes	[mes]

Geschirr (n)	tafelgerei	[tafel·χeræj]
Teller (m)	bord	[bort]
Untertasse (f)	piering	[piriŋ]

Schnapsglas (n)	likeurglas	[likøər·χlas]
Glas (n)	glas	[χlas]
Tasse (f)	koppie	[koppi]

Zuckerdose (f)	suikerpot	[sœikər·pot]
Salzstreuer (m)	soutvaatjie	[sæʊt·fāki]
Pfefferstreuer (m)	pepervaatjie	[pepər·fāki]
Butterdose (f)	botterbakkie	[bottər·bakki]

Kochtopf (m)	soppot	[sop·pot]
Pfanne (f)	braaipan	[brāj·pan]
Schöpflöffel (m)	opskeplepel	[opskep·lepəl]
Durchschlag (m)	vergiet	[ferχit]
Tablett (n)	skinkbord	[skink·bort]

Flasche (f)	bottel	[bottəl]
Glas (Einmachglas)	fles	[fles]
Dose (f)	blikkie	[blikki]

Flaschenöffner (m)	botteloopmaker	[bottəl·oəpmakər]
Dosenöffner (m)	blikoopmaker	[blik·oəpmakər]
Korkenzieher (m)	kurktrekker	[kurk·trɛkkər]
Filter (n)	filter	[filtər]
filtern (vt)	filter	[filtər]

| Müll (m) | vullis | [fullis] |
| Mülleimer, Treteimer (m) | vullisbak | [fullis·bak] |

92. Bad

Badezimmer (n)	badkamer	[bad·kamər]
Wasser (n)	water	[vatər]
Wasserhahn (m)	kraan	[krān]
Warmwasser (n)	warme water	[varmə vatər]
Kaltwasser (n)	koue water	[kæʊə vatər]

Zahnpasta (f)	tandepasta	[tandə·pasta]
Zähne putzen	tande borsel	[tandə borsəl]
Zahnbürste (f)	tandeborsel	[tandə·borsəl]

sich rasieren	skeer	[skeər]
Rasierschaum (m)	skeerroom	[skeər·roəm]
Rasierer (m)	skeermes	[skeər·mes]

waschen (vt)	was	[vas]
sich waschen	bad	[bat]
Dusche (f)	stort	[stort]
sich duschen	stort	[stort]

Badewanne (f)	bad	[bat]
Klosettbecken (n)	toilet	[tojlet]
Waschbecken (n)	wasbak	[vas·bak]

| Seife (f) | seep | [seəp] |
| Seifenschale (f) | seepbakkie | [seəp·bakki] |

Schwamm (m)	spons	[spoŋs]
Shampoo (n)	sjampoe	[ʃampu]
Handtuch (n)	handdoek	[handduk]
Bademantel (m)	badjas	[batjas]

Wäsche (f)	was	[vas]
Waschmaschine (f)	wasmasjien	[vas·maʃin]
waschen (vt)	die wasgoed was	[di vasχut vas]
Waschpulver (n)	waspoeier	[vas·pujer]

93. Haushaltsgeräte

Fernseher (m)	TV-stel	[te·fe-stəl]
Tonbandgerät (n)	bandspeler	[band·spelər]
Videorekorder (m)	videomasjien	[video·maʃin]
Empfänger (m)	radio	[radio]
Player (m)	speler	[spelər]

Videoprojektor (m)	videoprojektor	[video·projektor]
Heimkino (n)	tuisfliekteater	[tœis·flik·teatər]
DVD-Player (m)	DVD-speler	[de·fe·de-spelər]
Verstärker (m)	versterker	[fersterkər]
Spielkonsole (f)	videokonsole	[video·koŋsolə]

Videokamera (f)	videokamera	[video·kamera]
Kamera (f)	kamera	[kamera]
Digitalkamera (f)	digitale kamera	[diχitalə kamera]

Staubsauger (m)	stofsuier	[stof·sœiər]
Bügeleisen (n)	strykyster	[strajk·ajstər]
Bügelbrett (n)	strykplank	[strajk·plank]

| Telefon (n) | telefoon | [telefoən] |
| Mobiltelefon (n) | selfoon | [sɛlfoən] |

Schreibmaschine (f)	tikmasjien	[tik·maʃin]
Nähmaschine (f)	naaimasjien	[naj·maʃin]

Mikrophon (n)	mikrofoon	[mikrofoən]
Kopfhörer (m)	koptelefoon	[kop·telefoən]
Fernbedienung (f)	afstandsbeheer	[afstands·beheər]

CD (f)	CD	[se·de]
Kassette (f)	kasset	[kasset]
Schallplatte (f)	plaat	[plāt]

94. Reparaturen. Renovierung

Renovierung (f)	opknapwerk	[opknap·werk]
renovieren (vt)	opknap	[opknap]
reparieren (vt)	herstel	[herstəl]
in Ordnung bringen	aan kant maak	[ān kant māk]
noch einmal machen	oordoen	[oərdun]

Farbe (f)	verf	[ferf]
streichen (vt)	verf	[ferf]
Anstreicher (m)	skilder	[skildər]
Pinsel (m)	verfborsel	[ferf·borsəl]

Kalkfarbe (f)	witkalk	[vitkalk]
weißen (vt)	wit	[vit]

Tapete (f)	muurpapier	[mɪr·papir]
tapezieren (vt)	behang	[behaŋ]
Lack (z.B. Parkettlack)	vernis	[fernis]
lackieren (vt)	vernis	[fernis]

95. Rohrleitungen

Wasser (n)	water	[vatər]
Warmwasser (n)	warme water	[varmə vatər]
Kaltwasser (n)	koue water	[kæʋə vatər]
Wasserhahn (m)	kraan	[krān]

Tropfen (m)	druppel	[druppəl]
tropfen (vi)	drup	[drup]
durchsickern (vi)	lek	[lek]
Leck (n)	lekkasie	[lɛkkasi]
Lache (f)	poeletjie	[puləki]

Rohr (n)	pyp	[pajp]
Ventil (n)	kraan	[krān]
sich verstopfen	verstop raak	[ferstop rāk]

Werkzeuge (pl)	gereedskap	[χereədskap]
Engländer (m)	skroefsleutel	[skruf·sløətəl]
abdrehen (vt)	losskroef	[losskruf]

zudrehen (vt)	vasskroef	[fasskruf]
reinigen (Rohre ~)	oopmaak	[oəpmāk]
Klempner (m)	loodgieter	[loədχitər]
Keller (m)	kelder	[kɛldər]
Kanalisation (f)	riolering	[rioleriŋ]

96. Feuer. Brand

Feuer (n)	brand	[brant]
Flamme (f)	vlam	[flam]
Funke (m)	vonk	[fonk]
Rauch (m)	rook	[roək]
Fackel (f)	fakkel	[fakkel]
Lagerfeuer (n)	kampvuur	[kampfɹr]
Benzin (n)	petrol	[petrol]
Kerosin (n)	kerosien	[kerosin]
brennbar	ontvambaar	[ontfambār]
explosiv	ontplofbaar	[ontplofbār]
RAUCHEN VERBOTEN!	ROOK VERBODE	[roək ferbodə]
Sicherheit (f)	veiligheid	[fæjliχæjt]
Gefahr (f)	gevaar	[χefār]
gefährlich	gevaarlik	[χefārlik]
sich entflammen	vlam vat	[flam fat]
Explosion (f)	ontploffing	[ontploffiŋ]
in Brand stecken	aan die brand steek	[ān di brant steek]
Brandstifter (m)	brandstigter	[brant·stiχtər]
Brandstiftung (f)	brandstigting	[brant·stiχtiŋ]
flammen (vi)	brand	[brant]
brennen (vi)	brand	[brant]
verbrennen (vi)	afbrand	[afbrant]
die Feuerwehr rufen	die brandweer roep	[di brantveər rup]
Feuerwehrmann (m)	brandweerman	[brantveər·man]
Feuerwehrauto (n)	brandweerwa	[brantveər·wa]
Feuerwehr (f)	brandweer	[brantveər]
Drehleiter (f)	brandweerwaleer	[brantveər·wa·leər]
Feuerwehrschlauch (m)	brandslang	[brant·slaŋ]
Feuerlöscher (m)	brandblusser	[brant·blussər]
Helm (m)	helmet	[hɛlmet]
Sirene (f)	sirene	[sirenə]
schreien (vi)	skreeu	[skriʊ]
um Hilfe rufen	hulp roep	[hulp rup]
Retter (m)	redder	[rɛddər]
retten (vt)	red	[ret]
ankommen (vi)	aankom	[ānkom]
löschen (vt)	blus	[blus]
Wasser (n)	water	[vatər]

Sand (m)	**sand**	[sant]
Trümmer (pl)	**ruïnes**	[ruïnes]
zusammenbrechen (vi)	**instort**	[instort]
einfallen (vi)	**val**	[fal]
einstürzen (Decke)	**instort**	[instort]
Bruchstück (n)	**brokstukke**	[brokstukkə]
Asche (f)	**as**	[as]
ersticken (vi)	**verstik**	[ferstik]
ums Leben kommen	**omkom**	[omkom]

AKTIVITÄTEN DES MENSCHEN

Beruf. Geschäft. Teil 1

97. Bankgeschäft

Bank (f)	bank	[bank]
Filiale (f)	tak	[tak]

Berater (m)	bankklerk	[bank·klɛrk]
Leiter (m)	bestuurder	[bestɪrdər]

Konto (n)	bankrekening	[bank·rekəniŋ]
Kontonummer (f)	rekeningnommer	[rekəniŋ·nommər]
Kontokorrent (n)	tjekrekening	[tʃek·rekəniŋ]
Sparkonto (n)	spaarrekening	[spär·rekəniŋ]

das Konto schließen	die rekening sluit	[di rekəniŋ slœit]
abheben (vt)	trek	[trek]

Einzahlung (f)	deposito	[deposito]
Überweisung (f)	telegrafiese oorplasing	[teleɣrafisə oərplasiŋ]
überweisen (vt)	oorplaas	[oərpläs]

Summe (f)	som	[som]
Wieviel?	Hoeveel?	[hufeəl?]

Unterschrift (f)	handtekening	[hand·tekəniŋ]
unterschreiben (vt)	onderteken	[ondərtekən]

Kreditkarte (f)	kredietkaart	[kredit·kärt]
Code (m)	kode	[kodə]
Kreditkartennummer (f)	kredietkaartnommer	[kredit·kärt·nommər]
Geldautomat (m)	OTM	[o·te·em]

Scheck (m)	tjek	[tʃek]
Scheckbuch (n)	tjekboek	[tʃek·buk]

Darlehen (m)	lening	[leniŋ]
Sicherheit (f)	waarborg	[vārborχ]

98. Telefon. Telefongespräche

Telefon (n)	telefoon	[telefoən]
Mobiltelefon (n)	selfoon	[sɛlfoən]
Anrufbeantworter (m)	antwoordmasjien	[antwoərt·maʃin]
anrufen (vt)	bel	[bəl]

89

Anruf (m)	oproep	[oprup]
Hallo!	Hallo!	[hallo!]
fragen (vt)	vra	[fra]
antworten (vi)	antwoord	[antwoərt]

hören (vt)	hoor	[hoər]
gut (~ aussehen)	goed	[χut]
schlecht (Adv)	nie goed nie	[ni χut ni]
Störungen (pl)	steurings	[støəriŋs]

Hörer (m)	gehoorstuk	[χehoərstuk]
den Hörer abnehmen	optel	[optəl]
auflegen (den Hörer ~)	afskakel	[afskakəl]

besetzt	besig	[besəχ]
läuten (vi)	lui	[lœi]
Telefonbuch (n)	telefoongids	[telefoən·χids]

Orts-	lokale	[lokalə]
Ortsgespräch (n)	lokale oproep	[lokalə oprup]
Auslands-	internasionale	[internaʃionalə]
Auslandsgespräch (n)	internasionale oproep	[internaʃionalə oprup]
Fern-	langafstand	[lanχ·afstant]
Ferngespräch (n)	langafstand oproep	[lanχ·afstant oprup]

99. Mobiltelefon

Mobiltelefon (n)	selfoon	[sɛlfoən]
Display (n)	skerm	[skerm]
Knopf (m)	knoppie	[knoppi]
SIM-Karte (f)	SIMkaart	[sim·kãrt]

Batterie (f)	battery	[battəraj]
leer sein (Batterie)	pap wees	[pap veəs]
Ladegerät (n)	batterylaaier	[battəraj·lajer]

Menü (n)	spyskaart	[spajs·kãrt]
Einstellungen (pl)	instellings	[instɛlliŋs]
Melodie (f)	wysie	[vajsi]
auswählen (vt)	kies	[kis]
Rechner (m)	sakrekenaar	[sakrekənãr]
Anrufbeantworter (m)	stempos	[stem·pos]
Wecker (m)	wekker	[vɛkkər]
Kontakte (pl)	kontakte	[kontaktə]

| SMS-Nachricht (f) | SMS | [es·em·es] |
| Teilnehmer (m) | intekenaar | [intekənãr] |

100. Bürobedarf

| Kugelschreiber (m) | bolpen | [bol·pen] |
| Federhalter (m) | vulpen | [ful·pen] |

Bleistift (m)	potlood	[potloət]
Faserschreiber (m)	merkpen	[merk·pen]
Filzstift (m)	viltpen	[filt·pen]

| Notizblock (m) | notaboekie | [nota·buki] |
| Terminkalender (m) | dagboek | [daχ·buk] |

Lineal (n)	liniaal	[liniãl]
Rechner (m)	sakrekenaar	[sakrekənãr]
Radiergummi (m)	uitveër	[œitfeɛr]
Reißzwecke (f)	duimspyker	[dœim·spajkər]
Heftklammer (f)	skuifspeld	[skœif·spɛlt]

Klebstoff (m)	gom	[χom]
Hefter (m)	krammasjien	[kram·maʃin]
Locher (m)	ponsmasjien	[poŋs·maʃin]
Bleistiftspitzer (m)	skerpmaker	[skerp·makər]

Arbeit. Geschäft. Teil 2

101. Massenmedien

Zeitung (f)	koerant	[kurant]
Zeitschrift (f)	tydskrif	[tajdskrif]
Presse (f)	pers	[pers]
Rundfunk (m)	radio	[radio]
Rundfunkstation (f)	omroep	[omrup]
Fernsehen (n)	televisie	[telefisi]
Moderator (m)	aanbieder	[ānbidər]
Sprecher (m)	nuusleser	[nɪslesər]
Kommentator (m)	kommentator	[kommentator]
Journalist (m)	joernalis	[jurnalis]
Korrespondent (m)	korrespondent	[korrespondɛnt]
Bildberichterstatter (m)	persfotograaf	[pers·fotoχrāf]
Reporter (m)	verslaggewer	[ferslaχ·χevər]
Redakteur (m)	redakteur	[redaktøər]
Chefredakteur (m)	hoofredakteur	[hoəf·redaktøər]
abonnieren (vt)	inteken op ...	[intekən op ...]
Abonnement (n)	intekening	[intekəniŋ]
Abonnent (m)	intekenaar	[intekənār]
lesen (vi, vt)	lees	[leəs]
Leser (m)	leser	[lesər]
Auflage (f)	oplaag	[oplāχ]
monatlich (Adj)	maandeliks	[māndəliks]
wöchentlich (Adj)	weekliks	[veəkliks]
Ausgabe (Zeitschrift)	nommer	[nommər]
neueste (~ Ausgabe)	nuwe	[nuvə]
Titel (m)	opskrif	[opskrif]
Notiz (f)	kort artikel	[kort artikəl]
Rubrik (f)	kolom	[kolom]
Artikel (m)	artikel	[artikəl]
Seite (f)	bladsy	[bladsaj]
Reportage (f)	veslag	[feslaχ]
Ereignis (n)	gebeurtenis	[χebøərtenis]
Sensation (f)	sensasie	[sɛŋsasi]
Skandal (m)	skandaal	[skandāl]
skandalös	skandelik	[skandəlik]
groß (-er Skandal)	groot	[χroət]
Sendung (f)	program	[proχram]
Interview (n)	onderhoud	[ondərhæʊt]

| Live-Übertragung (f) | regstreekse uitsending | [reχstreəksə œitsendiŋ] |
| Kanal (m) | kanaal | [kanãl] |

102. Landwirtschaft

Landwirtschaft (f)	landbou	[landbæʊ]
Bauer (m)	boer	[bur]
Bäuerin (f)	boervrou	[bur·fræʊ]
Farmer (m)	boer	[bur]

| Traktor (m) | trekker | [trɛkkər] |
| Mähdrescher (m) | stroper | [stropər] |

Pflug (m)	ploeg	[pluχ]
pflügen (vt)	ploeg	[pluχ]
Acker (m)	ploegland	[pluχlant]
Furche (f)	voor	[foər]

säen (vt)	saai	[sãi]
Sämaschine (f)	saaier	[sãjer]
Saat (f)	saai	[sãi]

| Sense (f) | sens | [sɛŋs] |
| mähen (vt) | maai | [mãi] |

| Schaufel (f) | graaf | [χrãf] |
| graben (vt) | omspit | [omspit] |

Hacke (f)	skoffel	[skoffəl]
jäten (vt)	skoffel	[skoffəl]
Unkraut (n)	onkruid	[onkrœit]

Gießkanne (f)	gieter	[χitər]
gießen (vt)	nat gooi	[nat χoj]
Bewässerung (f)	nat gooi	[nat χoj]

| Heugabel (f) | gaffel | [χaffəl] |
| Rechen (m) | hark | [hark] |

Dünger (m)	misstof	[misstof]
düngen (vt)	bemes	[bemes]
Mist (m)	misstof	[misstof]

Feld (n)	veld	[fɛlt]
Wiese (f)	weiland	[væjlant]
Gemüsegarten (m)	groentetuin	[χruntə·tœin]
Obstgarten (m)	boord	[boərt]

weiden (vt)	wei	[væj]
Hirt (m)	herder	[herdər]
Weide (f)	weiland	[væjlant]

| Viehzucht (f) | veeboerdery | [feə·burderaj] |
| Schafzucht (f) | skaapboerdery | [skãp·burderaj] |

Plantage (f)	aanplanting	[ānplantiŋ]
Beet (n)	bedding	[beddiŋ]
Treibhaus (n)	broeikas	[bruikas]

| Dürre (f) | droogte | [droəχtə] |
| dürr, trocken | droog | [droəχ] |

Getreide (n)	graan	[χrān]
Getreidepflanzen (pl)	graangewasse	[χrān·χəwassə]
ernten (vt)	oes	[us]

Müller (m)	meulenaar	[møələnār]
Mühle (f)	meul	[møəl]
mahlen (vt)	maal	[māl]
Mehl (n)	meelblom	[meəl·blom]
Stroh (n)	strooi	[stroj]

103. Gebäude. Bauabwicklung

Baustelle (f)	bouperseel	[bæʊ·perseəl]
bauen (vt)	bou	[bæʊ]
Bauarbeiter (m)	bouwerker	[bæʊ·verkər]

Projekt (n)	projek	[projek]
Architekt (m)	argitek	[arχitek]
Arbeiter (m)	werker	[verkər]

Fundament (n)	fondament	[fondament]
Dach (n)	dak	[dak]
Pfahl (m)	heipaal	[hæjpāl]
Wand (f)	muur	[mɪr]

| Bewehrungsstahl (m) | betonstaal | [betoŋ·stāl] |
| Gerüst (n) | steiers | [stæjers] |

Beton (m)	beton	[beton]
Granit (m)	graniet	[χranit]
Stein (m)	klip	[klip]
Ziegel (m)	baksteen	[baksteən]

Sand (m)	sand	[sant]
Zement (m)	sement	[sement]
Putz (m)	pleister	[plæjstər]
verputzen (vt)	pleister	[plæjstər]

Farbe (f)	verf	[ferf]
färben (vt)	verf	[ferf]
Fass (n), Tonne (f)	drom	[drom]

Kran (m)	kraan	[krān]
aufheben (vt)	optel	[optəl]
herunterlassen (vt)	laat sak	[lāt sak]
Planierraupe (f)	stootskraper	[stoət·skrapər]
Bagger (m)	graafmasjien	[χrāf·maʃin]

Baggerschaufel (f)	**bak**	[bak]
graben (vt)	**grawe**	[χravə]
Schutzhelm (m)	**helmet**	[hɛlmet]

Berufe und Tätigkeiten

104. Arbeitsuche. Kündigung

Arbeit (f), Stelle (f)	baantjie	[bãnki]
Belegschaft (f)	personeel	[personeəl]
Personal (n)	personeel	[personeəl]
Karriere (f)	loopbaan	[loəpbãn]
Perspektive (f)	vooruitsigte	[foərœit·siχtə]
Können (n)	meesterskap	[meəsterskap]
Auswahl (f)	seleksie	[seleksi]
Personalagentur (f)	arbeidsburo	[arbæjds·buro]
Lebenslauf (m)	curriculum vitae	[kurrikulum fitaə]
Vorstellungsgespräch (n)	werksonderhoud	[werk·ondərhæʉt]
Vakanz (f)	vakature	[fakaturə]
Gehalt (n)	salaris	[salaris]
festes Gehalt (n)	vaste salaris	[fastə salaris]
Arbeitslohn (m)	loon	[loən]
Stellung (f)	posisie	[posisi]
Pflicht (f)	taak	[tãk]
Aufgabenspektrum (n)	reeks opdragte	[reəks opdraχtə]
beschäftigt	besig	[besəχ]
kündigen (vt)	afdank	[afdank]
Kündigung (f)	afdanking	[afdankiŋ]
Arbeitslosigkeit (f)	werkloosheid	[verkloəshæjt]
Arbeitslose (m)	werkloos	[verkloəs]
Rente (f), Ruhestand (m)	pensioen	[pɛnsiun]
in Rente gehen	met pensioen gaan	[met pɛnsiun χãn]

105. Geschäftsleute

Direktor (m)	direkteur	[direktøər]
Leiter (m)	bestuurder	[bestɪrdər]
Boss (m)	baas	[bãs]
Vorgesetzte (m)	hoof	[hoəf]
Vorgesetzten (pl)	hoofde	[hoəfdə]
Präsident (m)	direkteur	[direktøər]
Vorsitzende (m)	voorsitter	[foərsittər]
Stellvertreter (m)	adjunk	[adjunk]
Helfer (m)	assistent	[assistent]

Sekretär (m)	sekretaris	[sekretaris]
Privatsekretär (m)	persoonlike assistent	[persoənlikə assistent]
Geschäftsmann (m)	sakeman	[sakəman]
Unternehmer (m)	entrepreneur	[ɛntrəprenøər]
Gründer (m)	stigter	[stiχtər]
gründen (vt)	stig	[stiχ]
Gründungsmitglied (n)	stigter	[stiχtər]
Partner (m)	vennoot	[fɛnnoət]
Aktionär (m)	aandeelhouer	[āndeəl·hæʊər]
Millionär (m)	miljoenêr	[miljunær]
Milliardär (m)	miljardêr	[miljardær]
Besitzer (m)	eienaar	[æjenãr]
Landbesitzer (m)	grondeienaar	[χront·æjenãr]
Kunde (m)	kliënt	[kliɛnt]
Stammkunde (m)	vaste kliënt	[fastə kliɛnt]
Käufer (m)	koper	[kopər]
Besucher (m)	besoeker	[besukər]
Fachmann (m)	professioneel	[profɛssioneəl]
Experte (m)	kenner	[kɛnnər]
Spezialist (m)	spesialis	[spesialis]
Bankier (m)	bankier	[bankir]
Makler (m)	makelaar	[makəlãr]
Kassierer (m)	kassier	[kassir]
Buchhalter (m)	boekhouer	[bukhæʊər]
Wächter (m)	veiligheidswag	[fæjliχæjts·waχ]
Investor (m)	belegger	[beleχər]
Schuldner (m)	skuldenaar	[skuldenãr]
Gläubiger (m)	krediteur	[kreditøər]
Kreditnehmer (m)	lener	[lenər]
Importeur (m)	invoerder	[infurdər]
Exporteur (m)	uitvoerder	[œitfurdər]
Hersteller (m)	produsent	[produsent]
Distributor (m)	verdeler	[ferdelər]
Vermittler (m)	tussenpersoon	[tussən·persoən]
Berater (m)	raadgewer	[rāt·χevər]
Vertreter (m)	verkoopsagent	[ferkoəps·aχent]
Agent (m)	agent	[aχent]
Versicherungsagent (m)	versekeringsagent	[fersəkeriŋs·aχent]

106. Dienstleistungsberufe

Koch (m)	kok	[kok]
Chefkoch (m)	sjef	[ʃef]

Bäcker (m)	bakker	[bakkər]
Barmixer (m)	kroegman	[kruχman]
Kellner (m)	kelner	[kɛlnər]
Kellnerin (f)	kelnerin	[kɛlnərin]

Rechtsanwalt (m)	advokaat	[adfokãt]
Jurist (m)	prokureur	[prokurøər]
Notar (m)	notaris	[notaris]

Elektriker (m)	elektrisiën	[ɛlektrisiɛn]
Klempner (m)	loodgieter	[loədχitər]
Zimmermann (m)	timmerman	[timmerman]

Masseur (m)	masseerder	[masseərdər]
Masseurin (f)	masseerster	[masseərstər]
Arzt (m)	dokter	[doktər]

Taxifahrer (m)	taxibestuurder	[taksi·bestɪrdər]
Fahrer (m)	bestuurder	[bestɪrdər]
Ausfahrer (m)	koerier	[kurir]

Zimmermädchen (n)	kamermeisie	[kamər·mæjsi]
Wächter (m)	veiligheidswag	[fæjliχæjts·waχ]
Flugbegleiterin (f)	lugwaardin	[luχ·wārdin]

Lehrer (m)	onderwyser	[ondərwajsər]
Bibliothekar (m)	bibliotekaris	[bibliotekaris]
Übersetzer (m)	vertaler	[fertalər]
Dolmetscher (m)	tolk	[tolk]
Fremdenführer (m)	gids	[χids]

Friseur (m)	haarkapper	[hār·kappər]
Briefträger (m)	posbode	[pos·bodə]
Verkäufer (m)	verkoper	[ferkopər]

Gärtner (m)	tuinman	[tœin·man]
Diener (m)	bediende	[bedində]
Magd (f)	bediende	[bedində]
Putzfrau (f)	skoonmaakster	[skoən·mākstər]

107. Militärdienst und Ränge

einfacher Soldat (m)	soldaat	[soldãt]
Feldwebel (m)	sersant	[sersant]
Leutnant (m)	luitenant	[lœitənant]
Hauptmann (m)	kaptein	[kaptæjn]

Major (m)	majoor	[majoər]
Oberst (m)	kolonel	[kolonəl]
General (m)	generaal	[χenerãl]
Marschall (m)	maarskalk	[mārskalk]
Admiral (m)	admiraal	[admirãl]
Militärperson (f)	leër	[leɛr]
Soldat (m)	soldaat	[soldãt]

| Offizier (m) | offisier | [offisir] |
| Kommandeur (m) | kommandant | [kommandant] |

Grenzsoldat (m)	grenswag	[χrɛŋs·waχ]
Funker (m)	radio-operateur	[radio-operatøər]
Aufklärer (m)	verkenner	[ferkɛnnər]
Pionier (m)	sappeur	[sappøər]
Schütze (m)	skutter	[skuttər]
Steuermann (m)	navigator	[nafiχator]

108. Beamte. Priester

| König (m) | koning | [koniŋ] |
| Königin (f) | koningin | [koniŋin] |

| Prinz (m) | prins | [prins] |
| Prinzessin (f) | prinses | [prinsəs] |

| Zar (m) | tsaar | [tsãr] |
| Zarin (f) | tsarina | [tsarina] |

Präsident (m)	president	[president]
Minister (m)	minister	[ministər]
Ministerpräsident (m)	eerste minister	[eərstə ministər]
Senator (m)	senator	[senator]

Diplomat (m)	diplomaat	[diplomãt]
Konsul (m)	konsul	[kɔŋsul]
Botschafter (m)	ambassadeur	[ambassadøər]
Ratgeber (m)	adviseur	[adfisøər]

Beamte (m)	amptenaar	[amptənar]
Präfekt (m)	prefek	[prefek]
Bürgermeister (m)	burgermeester	[burgər·meəstər]

| Richter (m) | regter | [reχtər] |
| Staatsanwalt (m) | aanklaer | [ãnklaer] |

Missionar (m)	sendeling	[sendəliŋ]
Mönch (m)	monnik	[monnik]
Abt (m)	ab	[ap]
Rabbiner (m)	rabbi	[rabbi]

Wesir (m)	visier	[fisir]
Schah (n)	sjah	[ʃah]
Scheich (m)	sjeik	[ʃæjk]

109. Landwirtschaftliche Berufe

Bienenzüchter (m)	byeboer	[bajəbur]
Hirt (m)	herder	[herdər]
Agronom (m)	landboukundige	[landbæʊ·kundiχə]

| Viehzüchter (m) | veeteler | [feə·telər] |
| Tierarzt (m) | veearts | [feə·arts] |

Farmer (m)	boer	[bur]
Winzer (m)	wynmaker	[vajn·makər]
Zoologe (m)	dierkundige	[dir·kundiχə]
Cowboy (m)	cowboy	[kovboj]

110. Künstler

| Schauspieler (m) | akteur | [aktøər] |
| Schauspielerin (f) | aktrise | [aktrisə] |

| Sänger (m) | sanger | [saŋər] |
| Sängerin (f) | sangeres | [saŋəres] |

| Tänzer (m) | danser | [daŋsər] |
| Tänzerin (f) | danseres | [daŋsəres] |

| Künstler (m) | verhoogkunstenaar | [ferhoəχ·kunstənār] |
| Künstlerin (f) | verhoogkunstenares | [ferhoəχ·kunstənares] |

Musiker (m)	musikant	[musikant]
Pianist (m)	pianis	[pianis]
Gitarrist (m)	kitaarspeler	[kitār·spelər]

Dirigent (m)	dirigent	[diriχent]
Komponist (m)	komponis	[komponis]
Manager (m)	impresario	[impresario]

Regisseur (m)	filmregisseur	[film·reχissøər]
Produzent (m)	produsent	[produsent]
Drehbuchautor (m)	draaiboekskrywer	[drājbuk·skrajvər]
Kritiker (m)	kritikus	[kritikus]

Schriftsteller (m)	skrywer	[skrajvər]
Dichter (m)	digter	[diχtər]
Bildhauer (m)	beeldhouer	[beəldhæʊər]
Maler (m)	kunstenaar	[kunstenār]

Jongleur (m)	jongleur	[jonχløər]
Clown (m)	hanswors	[haŋswors]
Akrobat (m)	akrobaat	[akrobāt]
Zauberkünstler (m)	goëlaar	[χoɛlār]

111. Verschiedene Berufe

Arzt (m)	dokter	[doktər]
Krankenschwester (f)	verpleegster	[ferpleəχ·stər]
Psychiater (m)	psigiater	[psiχiatər]
Zahnarzt (m)	tandarts	[tand·arts]
Chirurg (m)	chirurg	[ʃirurχ]

Astronaut (m)	astronout	[astronæʊt]
Astronom (m)	astronoom	[astronoəm]
Pilot (m)	piloot	[piloət]

Fahrer (Taxi-)	bestuurder	[bestɪrdər]
Lokomotivführer (m)	treindrywer	[træjn·drajvər]
Mechaniker (m)	werktuigkundige	[verktœiχ·kundiχə]

Bergarbeiter (m)	mynwerker	[majn·werkər]
Arbeiter (m)	werker	[verkər]
Schlosser (m)	slotmaker	[slot·makər]
Tischler (m)	skrynwerker	[skrajn·werkər]
Dreher (m)	draaibankwerker	[drājbank·werkər]
Bauarbeiter (m)	bouwerker	[bæʊ·verkər]
Schweißer (m)	sweiser	[swæjsər]

Professor (m)	professor	[profɛssor]
Architekt (m)	argitek	[arχitek]
Historiker (m)	historikus	[historikus]
Wissenschaftler (m)	wetenskaplike	[vetɛŋskaplikə]
Physiker (m)	fisikus	[fisikus]
Chemiker (m)	skeikundige	[skæjkundiχə]

Archäologe (m)	argeoloog	[arχeoloəχ]
Geologe (m)	geoloog	[χeoloəχ]
Forscher (m)	navorser	[naforsər]

| Kinderfrau (f) | babasitter | [babasittər] |
| Lehrer (m) | onderwyser | [ondərwajsər] |

Redakteur (m)	redakteur	[redaktøər]
Chefredakteur (m)	hoofredakteur	[hoəf·redaktøər]
Korrespondent (m)	korrespondent	[korrespondɛnt]
Schreibkraft (f)	tikster	[tikstər]

Designer (m)	ontwerper	[ontwerpər]
Computerspezialist (m)	rekenaarkenner	[rekənār·kɛnnər]
Programmierer (m)	programmeur	[proχrammøər]
Ingenieur (m)	ingenieur	[inχeniøər]

Seemann (m)	matroos	[matroəs]
Matrose (m)	seeman	[seəman]
Retter (m)	redder	[rɛddər]

Feuerwehrmann (m)	brandweerman	[brantveər·man]
Polizist (m)	polisieman	[polisi·man]
Nachtwächter (m)	bewaker	[bevakər]
Detektiv (m)	speurder	[spøərdər]

Zollbeamter (m)	doeanebeampte	[duanə·beamptə]
Leibwächter (m)	lyfwag	[lajf·waχ]
Gefängniswärter (m)	tronkbewaarder	[tronk·bevārdər]
Inspektor (m)	inspekteur	[inspektøər]

| Sportler (m) | sportman | [sportman] |
| Trainer (m) | breier | [bræjer] |

Fleischer (m)	slagter	[slaχtər]
Schuster (m)	skoenmaker	[skun·makər]
Geschäftsmann (m)	handelaar	[handəlãr]
Ladearbeiter (m)	laaier	[lãjer]

| Modedesigner (m) | modeontwerper | [modə·ontwerpər] |
| Modell (n) | model | [modəl] |

112. Beschäftigung. Sozialstatus

| Schüler (m) | skoolseun | [skoəl·søən] |
| Student (m) | student | [student] |

Philosoph (m)	filosoof	[filosoəf]
Ökonom (m)	ekonoom	[ɛkonoəm]
Erfinder (m)	uitvinder	[œitfindər]

Arbeitslose (m)	werkloos	[verkloəs]
Rentner (m)	pensioentrekker	[pɛnsiun·trɛkkər]
Spion (m)	spioen	[spiun]

Gefangene (m)	gevangene	[χefaŋənə]
Streikender (m)	staker	[stakər]
Bürokrat (m)	burokraat	[burokrãt]
Reisende (m)	reisiger	[ræjsiχər]

Homosexuelle (m)	gay	[χaaj]
Hacker (m)	kuberkraker	[kubər·krakər]
Hippie (m)	hippie	[hippi]

Bandit (m)	bandiet	[bandit]
Killer (m)	huurmoordenaar	[hɪr·moərdenãr]
Drogenabhängiger (m)	dwelmslaaf	[dwɛlm·slãf]
Drogenhändler (m)	dwelmhandelaar	[dwɛlm·handəlãr]
Prostituierte (f)	prostituut	[prostitɪt]
Zuhälter (m)	pooier	[pojer]

Zauberer (m)	towenaar	[tovenãr]
Zauberin (f)	heks	[heks]
Seeräuber (m)	piraat, seerower	[pirãt], [seə·rovər]
Sklave (m)	slaaf	[slãf]
Samurai (m)	samoerai	[samuraj]
Wilde (m)	wilde	[vildə]

Sport

113. Sportarten. Persönlichkeiten des Sports

Sportler (m)	**sportman**	[sportman]
Sportart (f)	**sportsoorte**	[sport·soərtə]
Basketball (m)	**basketbal**	[basketbal]
Basketballspieler (m)	**basketbalspeler**	[basketbal·spelər]
Baseball (m, n)	**bofbal**	[bofbal]
Baseballspieler (m)	**bofbalspeler**	[bofbal·spelər]
Fußball (m)	**sokker**	[sokkər]
Fußballspieler (m)	**sokkerspeler**	[sokkər·spelər]
Torwart (m)	**doelwagter**	[dul·waχtər]
Eishockey (n)	**hokkie**	[hokki]
Eishockeyspieler (m)	**hokkiespeler**	[hokki·spelər]
Volleyball (m)	**vlugbal**	[fluχbal]
Volleyballspieler (m)	**vlugbalspeler**	[fluχbal·spelər]
Boxen (n)	**boks**	[boks]
Boxer (m)	**bokser**	[boksər]
Ringen (n)	**stoei**	[stui]
Ringkämpfer (m)	**stoeier**	[stujer]
Karate (n)	**karate**	[karatə]
Karatekämpfer (m)	**karatevegter**	[karatə·feχtər]
Judo (n)	**judo**	[judo]
Judoka (m)	**judoka**	[judoka]
Tennis (n)	**tennis**	[tɛnnis]
Tennisspieler (m)	**tennisspeler**	[tɛnnis·spelər]
Schwimmen (n)	**swem**	[swem]
Schwimmer (m)	**swemmer**	[swemmər]
Fechten (n)	**skerm**	[skerm]
Fechter (m)	**skermer**	[skermər]
Schach (n)	**skaak**	[skāk]
Schachspieler (m)	**skaakspeler**	[skāk·spelər]
Bergsteigen (n)	**alpinisme**	[alpinismə]
Bergsteiger (m)	**alpinis**	[alpinis]
Lauf (m)	**hardloop**	[hardloəp]

Läufer (m)	hardloper	[hardlopər]
Leichtathletik (f)	atletiek	[atletik]
Athlet (m)	atleet	[atleət]

| Pferdesport (m) | perdry | [perdraj] |
| Reiter (m) | ruiter | [rœitər] |

Eiskunstlauf (m)	kunsskaats	[kuns·skāts]
Eiskunstläufer (m)	kunsskaatser	[kuns·skātsər]
Eiskunstläuferin (f)	kunsskaatser	[kuns·skātsər]

| Gewichtheben (n) | gewigoptel | [χeviχ·optəl] |
| Gewichtheber (m) | gewigopteller | [χeviχ·optɛllər] |

| Autorennen (n) | motorwedren | [motor·wedrən] |
| Rennfahrer (m) | renjaer | [renjaər] |

| Radfahren (n) | fiets | [fits] |
| Radfahrer (m) | fietser | [fitsər] |

Weitsprung (m)	verspring	[fer·spriŋ]
Stabhochsprung (m)	polsstokspring	[polsstok·spriŋ]
Springer (m)	springer	[spriŋər]

114. Sportarten. Verschiedenes

American Football (m)	sokker	[sokkər]
Federballspiel (n)	pluimbal	[plœimbal]
Biathlon (n)	tweekamp	[tweəkamp]
Billard (n)	biljart	[biljart]

Bob (m)	bobslee	[bobsleə]
Bodybuilding (n)	liggaamsbou	[liχχāmsbæʊ]
Wasserballspiel (n)	waterpolo	[vatər·polo]
Handball (m)	handbal	[handbal]
Golf (n)	gholf	[golf]

Rudern (n)	roei	[rui]
Tauchen (n)	duik	[dœik]
Skilanglauf (m)	veldski	[fɛlt·ski]
Tischtennis (n)	tafeltennis	[tafel·tɛnnis]

Segelsport (m)	seil	[sæjl]
Rallye (f, n)	tydren jaag	[tajdren jāχ]
Rugby (n)	rugby	[ragbi]
Snowboard (n)	sneeuplankry	[sniʊ·plankraj]
Bogenschießen (n)	boogskiet	[boəχ·skit]

115. Fitnessstudio

| Hantel (f) | staafgewig | [stāf·χevəχ] |
| Hanteln (pl) | handgewigte | [hand·χeviχtə] |

Trainingsgerät (n)	oefenmasjien	[ufen·maʃin]
Fahrradtrainer (m)	oefenfiets	[ufen·fits]
Laufband (n)	trapmeul	[trapmøəl]
Reck (n)	rekstok	[rekstok]
Barren (m)	brug	[bruχ]
Sprungpferd (n)	springperd	[sprin·pert]
Matte (f)	oefenmat	[ufen·mat]
Sprungseil (n)	springtou	[sprin·tæʊ]
Aerobic (n)	aërobiese oefeninge	[aɛrobisə ufeninə]
Yoga (m)	joga	[joga]

116. Sport. Verschiedenes

Olympische Spiele (pl)	**Olimpiese Spele**	[olimpisə spelə]
Sieger (m)	oorwinnaar	[oərwinnãr]
siegen (vi)	wen	[ven]
gewinnen (Sieger sein)	wen	[ven]
Tabellenführer (m)	leier	[læjer]
führen (vi)	lei	[læj]
der erste Platz	eerste plek	[eərstə plek]
der zweite Platz	tweede plek	[tweədə plek]
der dritte Platz	derde plek	[derdə plek]
Medaille (f)	medalje	[medalje]
Trophäe (f)	trofee	[trofeə]
Pokal (m)	beker	[bekər]
Siegerpreis m (m)	prys	[prajs]
Hauptpreis (m)	hoofprys	[hoəf·prajs]
Rekord (m)	rekord	[rekort]
Finale (n)	finale	[finalə]
Final-	finale	[finalə]
Meister (m)	kampioen	[kampiun]
Meisterschaft (f)	kampioenskap	[kampiunskap]
Stadion (n)	stadion	[stadion]
Tribüne (f)	tribune	[tribunə]
Fan (m)	ondersteuner	[ondərstøənər]
Gegner (m)	teëstander	[teɛstandər]
Start (m)	wegspringplek	[veχsprin·plek]
Ziel (n), Finish (n)	eindstreep	[æjnd·streəp]
Niederlage (f)	nederlaag	[nedərlãχ]
verlieren (vt)	verloor	[ferloər]
Schiedsrichter (m)	skeidsregter	[skæjds·reχtər]
Jury (f)	beoordelaars	[be·oərdelãrs]
Ergebnis (n)	stand	[stant]

Unentschieden (n)	gelykspel	[χelajkspəl]
unentschieden spielen	gelykop speel	[χelajkop speəl]
Punkt (m)	punt	[punt]
Ergebnis (n)	puntestand	[puntəstant]

Spielabschnitt (m)	periode	[periodə]
Halbzeit (f), Pause (f)	rustyd	[rustajt]

Doping (n)	opkikkers	[opkikkərs]
bestrafen (vt)	straf	[straf]
disqualifizieren (vt)	diskwalifiseer	[diskwalifiseər]

Sportgerät (n)	apparaat	[apparãt]
Speer (m)	spies	[spis]
Kugel (im Kugelstoßen)	koeël	[kuɛl]
Kugel (f), Ball (m)	bal	[bal]

Ziel (n)	doelwit	[dulwit]
Zielscheibe (f)	teiken	[tæjkən]
schießen (vi)	skiet	[skit]
genau (Adj)	akkuraat	[akkurãt]

Trainer (m)	breier	[bræjer]
trainieren (vt)	afrig	[afrəχ]
trainieren (vi)	oefen	[ufen]
Training (n)	oefen	[ufen]

Turnhalle (f)	gimnastieksaal	[χimnastik·sãl]
Übung (f)	oefening	[ufeniŋ]
Aufwärmen (n)	opwarm	[opwarm]

Ausbildung

117. Schule

Schule (f)	skool	[skoəl]
Schulleiter (m)	prinsipaal	[prinsipāl]
Schüler (m)	leerder	[leərdər]
Schülerin (f)	leerder	[leərdər]
Schuljunge (m)	skoolseun	[skoəl·søən]
Schulmädchen (f)	skooldogter	[skoəl·doχtər]
lehren (vt)	leer	[leər]
lernen (Englisch ~)	leer	[leər]
auswendig lernen	van buite leer	[fan bœitə leər]
lernen (vi)	leer	[leər]
in der Schule sein	op skool wees	[op skoəl veəs]
die Schule besuchen	skooltoe gaan	[skoəltu χān]
Alphabet (n)	alfabet	[alfabet]
Fach (n)	vak	[fak]
Klassenraum (m)	klaskamer	[klas·kamər]
Stunde (f)	les	[les]
Pause (f)	pouse	[pæʊsə]
Schulglocke (f)	skoolbel	[skoəl·bəl]
Schulbank (f)	skoolbank	[skoəl·bank]
Tafel (f)	bord	[bort]
Note (f)	simbool	[simboəl]
gute Note (f)	goeie punt	[χuje punt]
schlechte Note (f)	slegte punt	[sleχtə punt]
Fehler (m)	fout	[fæʊt]
Fehler machen	foute maak	[fæʊtə māk]
korrigieren (vt)	korrigeer	[korriχeər]
Spickzettel (m)	afskryfbriefie	[afskrajf·brifi]
Hausaufgabe (f)	huiswerk	[hœis·werk]
Übung (f)	oefening	[ufeniŋ]
anwesend sein	aanwesig wees	[ānwesəχ veəs]
fehlen (in der Schule ~)	afwesig wees	[afwesəχ veəs]
versäumen (Schule ~)	stokkies draai	[stokkis drāj]
bestrafen (vt)	straf	[straf]
Strafe (f)	straf	[straf]
Benehmen (n)	gedrag	[χedraχ]
Zeugnis (n)	rapport	[rapport]

Bleistift (m)	potlood	[potloət]
Radiergummi (m)	uitveër	[œitfeɛr]
Kreide (f)	kryt	[krajt]
Federkasten (m)	potloodsakkie	[potloət·sakki]

Schulranzen (m)	boekesak	[bukə·sak]
Kugelschreiber, Stift (m)	pen	[pen]
Heft (n)	skryfboek	[skrajf·buk]

| Lehrbuch (n) | handboek | [hand·buk] |
| Zirkel (m) | passer | [passər] |

| zeichnen (vt) | tegniese tekeninge maak | [teχnisə tekənikə māk] |
| Zeichnung (f) | tegniese tekening | [teχnisə tekəniŋ] |

Gedicht (n)	gedig	[χedəχ]
auswendig (Adv)	van buite	[fan bœitə]
auswendig lernen	van buite leer	[fan bœitə leər]

Ferien (pl)	skoolvakansie	[skoəl·fakaŋsi]
in den Ferien sein	met vakansie wees	[met fakaŋsi veəs]
Ferien verbringen	jou vakansie deurbring	[jæʊ fakaŋsi døərbriŋ]

Test (m), Prüfung (f)	toets	[tuts]
Aufsatz (m)	opstel	[opstəl]
Diktat (n)	diktee	[dikteə]

| Prüfung (f) | eksamen | [ɛksamen] |
| Experiment (n) | eksperiment | [ɛksperiment] |

118. Hochschule. Universität

Akademie (f)	akademie	[akademi]
Universität (f)	universiteit	[unifersitæjt]
Fakultät (f)	fakulteit	[fakultæjt]

Student (m)	student	[student]
Studentin (f)	student	[student]
Lehrer (m)	lektor	[lektor]

| Hörsaal (m) | lesingsaal | [lesiŋ·sāl] |
| Hochschulabsolvent (m) | gegradueerde | [χeχradueərdə] |

| Diplom (n) | sertifikaat | [sertifikāt] |
| Dissertation (f) | proefskrif | [prufskrif] |

| Forschung (f) | navorsing | [naforsiŋ] |
| Labor (n) | laboratorium | [laboratorium] |

| Vorlesung (f) | lesing | [lesiŋ] |
| Kommilitone (m) | medestudent | [medə·student] |

| Stipendium (n) | beurs | [bøərs] |
| akademischer Grad (m) | akademiese graad | [akademisə χrāt] |

119. Naturwissenschaften. Fächer

Mathematik (f)	wiskunde	[viskundə]
Algebra (f)	algebra	[alχebra]
Geometrie (f)	meetkunde	[meetkundə]

Astronomie (f)	astronomie	[astronomi]
Biologie (f)	biologie	[bioloχi]
Erdkunde (f)	geografie	[χeoχrafi]
Geologie (f)	geologie	[χeoloχi]
Geschichte (f)	geskiedenis	[χeskidenis]

Medizin (f)	geneeskunde	[χenees·kundə]
Pädagogik (f)	pedagogie	[pedaχoχi]
Recht (n)	regte	[reχtə]

Physik (f)	fisika	[fisika]
Chemie (f)	chemie	[χemi]
Philosophie (f)	filosofie	[filosofi]
Psychologie (f)	sielkunde	[silkundə]

120. Schrift Rechtschreibung

Grammatik (f)	grammatika	[χrammatika]
Lexik (f)	woordeskat	[voərdeskat]
Phonetik (f)	fonetika	[fonetika]

Substantiv (n)	selfstandige naamwoord	[sɛlfstandiχə nãmwoərt]
Adjektiv (n)	byvoeglike naamwoord	[bajfuχlikə nãmvoərt]
Verb (n)	werkwoord	[verk·woərt]
Adverb (n)	bijwoord	[bij·woərt]

Pronomen (n)	voornaamwoord	[foərnãm·voərt]
Interjektion (f)	tussenwerpsel	[tussən·werpsəl]
Präposition (f)	voorsetsel	[foərsetsəl]

Wurzel (f)	stam	[stam]
Endung (f)	agtervoegsel	[aχtər·fuχsəl]
Vorsilbe (f)	voorvoegsel	[foər·fuχsəl]
Silbe (f)	lettergreep	[lɛttər·χreəp]
Suffix (n), Nachsilbe (f)	agtervoegsel, suffiks	[aχtər·fuχsəl], [suffiks]

| Betonung (f) | klemteken | [klem·tekən] |
| Apostroph (m) | afkappingsteken | [afkappiŋs·tekən] |

Punkt (m)	punt	[punt]
Komma (n)	komma	[komma]
Semikolon (n)	kommapunt	[komma·punt]
Doppelpunkt (m)	dubbelpunt	[dubbəl·punt]
Auslassungspunkte (pl)	beletselteken	[beletsəl·tekən]

| Fragezeichen (n) | vraagteken | [frãχ·tekən] |
| Ausrufezeichen (n) | uitroepteken | [œitrup·tekən] |

Anführungszeichen (pl)	aanhalingstekens	[ãnhaliŋs·tekəŋs]
in Anführungszeichen	tussen aanhalingstekens	[tussən ãnhaliŋs·tekəŋs]
runde Klammern (pl)	hakies	[hakis]
in Klammern	tussen hakies	[tussən hakis]

Bindestrich (m)	koppelteken	[koppəl·tekən]
Gedankenstrich (m)	strepie	[strepi]
Leerzeichen (n)	spasie	[spasi]

| Buchstabe (m) | letter | [lɛttər] |
| Großbuchstabe (m) | hoofletter | [hoəf·lɛttər] |

| Vokal (m) | klinker | [klinkər] |
| Konsonant (m) | konsonant | [koŋsonant] |

Satz (m)	sin	[sin]
Subjekt (n)	onderwerp	[ondərwerp]
Prädikat (n)	predikaat	[predikãt]

| Zeile (f) | reël | [reɛl] |
| Absatz (m) | paragraaf | [paraχrãf] |

Wort (n)	woord	[voərt]
Wortverbindung (f)	woordgroep	[voərt·χrup]
Redensart (f)	uitdrukking	[œitdrukkiŋ]
Synonym (n)	sinoniem	[sinonim]
Antonym (n)	antoniem	[antonim]

Regel (f)	reël	[reɛl]
Ausnahme (f)	uitsondering	[œitsondəriŋ]
richtig (Adj)	korrek	[korrek]

Konjugation (f)	vervoeging	[ferfuχiŋ]
Deklination (f)	verbuiging	[ferbœəχiŋ]
Kasus (m)	naamval	[nãmfal]
Frage (f)	vraag	[frãχ]
unterstreichen (vt)	onderstreep	[ondərstreəp]
punktierte Linie (f)	stippellyn	[stippəl·lajn]

121. Fremdsprachen

Sprache (f)	taal	[tãl]
Fremd-	vreemd	[freəmt]
Fremdsprache (f)	vreemde taal	[freəmdə tãl]
studieren (z.B. Jura ~)	studeer	[studeər]
lernen (Englisch ~)	leer	[leər]

lesen (vi, vt)	lees	[leəs]
sprechen (vi, vt)	praat	[prãt]
verstehen (vt)	verstaan	[ferstãn]
schreiben (vi, vt)	skryf	[skrajf]

| schnell (Adv) | vinnig | [finnəχ] |
| langsam (Adv) | stadig | [stadəχ] |

fließend (Adv)	vlot	[flot]
Regeln (pl)	reëls	[reɛls]
Grammatik (f)	grammatika	[χrammatika]
Vokabular (n)	woordeskat	[voərdeskat]
Phonetik (f)	fonetika	[fonetika]

Lehrbuch (n)	handboek	[hand·buk]
Wörterbuch (n)	woordeboek	[voərdə·buk]
Selbstlernbuch (n)	selfstudie boek	[sɛlfstudi buk]
Sprachführer (m)	taalgids	[tāl·χids]

Kassette (f)	kasset	[kasset]
Videokassette (f)	videoband	[video·bant]
CD (f)	CD	[se·de]
DVD (f)	DVD	[de·fe·de]

Alphabet (n)	alfabet	[alfabet]
buchstabieren (vt)	spel	[spel]
Aussprache (f)	uitspraak	[œitsprāk]
Akzent (m)	aksent	[aksent]

| Wort (n) | woord | [voərt] |
| Bedeutung (f) | betekenis | [betekənis] |

Kurse (pl)	kursus	[kursus]
sich einschreiben	inskryf	[inskrajf]
Lehrer (m)	onderwyser	[ondərwajsər]

Übertragung (f)	vertaling	[fertaliŋ]
Übersetzung (f)	vertaling	[fertaliŋ]
Übersetzer (m)	vertaler	[fertalər]
Dolmetscher (m)	tolk	[tolk]

| Polyglott (m, f) | poliglot | [poliχlot] |
| Gedächtnis (n) | geheue | [χəhøə] |

122. Märchenfiguren

Weihnachtsmann (m)	Kersvader	[kers·fadər]
Aschenputtel (n)	Assepoester	[assepustər]
Nixe (f)	meermin	[meərmin]
Neptun (m)	Neptunus	[neptunus]

Zauberer (m)	towenaar	[tovenār]
Zauberin (f)	feetjie	[feəki]
magisch, Zauber-	magies	[maχis]
Zauberstab (m)	towerstaf	[tovər·staf]

Märchen (n)	sprokie	[sproki]
Wunder (n)	wonderwerk	[vondərwerk]
Zwerg (m)	dwerg	[dwerχ]
sich verwandeln in …	verander in …	[ferandər in …]
Geist (m)	gees	[χeəs]
Gespenst (n)	spook	[spoək]

Ungeheuer (n)	monster	[mɔŋstər]
Drache (m)	draak	[drāk]
Riese (m)	reus	[røəs]

123. Sternzeichen

Widder (m)	Ram	[ram]
Stier (m)	Stier	[stir]
Zwillinge (pl)	Tweelinge	[tweəliŋə]
Krebs (m)	Kreef	[kreəf]
Löwe (m)	Leeu	[liʊ]
Jungfrau (f)	Maagd	[māχt]

Waage (f)	Weegskaal	[veəχskāl]
Skorpion (m)	Skerpioen	[skerpiun]
Schütze (m)	Boogskutter	[boəχskuttər]
Steinbock (m)	Steenbok	[steənbok]
Wassermann (m)	Waterman	[vatərman]
Fische (pl)	Visse	[fissə]

Charakter (m)	karakter	[karaktər]
Charakterzüge (pl)	karaktertrekke	[karaktər·trɛkkə]
Benehmen (n)	gedrag	[χedraχ]
wahrsagen (vt)	waarsê	[vārsɛ:]
Wahrsagerin (f)	waarsêer	[vārsɛər]
Horoskop (n)	horoskoop	[horoskoəp]

Kunst

124. Theater

Theater (n)	teater	[teatər]
Oper (f)	opera	[opera]
Operette (f)	operette	[operɛttə]
Ballett (n)	ballet	[ballet]

Theaterplakat (n)	plakkaat	[plakkãt]
Truppe (f)	teatergeselskap	[teatər·χesɛlskap]
Tournee (f)	toer	[tur]
auf Tournee sein	op toer wees	[op tur veəs]
proben (vt)	repeteer	[repeteər]
Probe (f)	repetisie	[repetisi]
Spielplan (m)	repertoire	[repertuarə]

Aufführung (f)	voorstelling	[foərstɛliŋ]
Vorstellung (f)	opvoering	[opfuriŋ]
Theaterstück (n)	toneelstuk	[toneəl·stuk]

Karte (f)	kaartjie	[kãrki]
Theaterkasse (f)	loket	[lokət]
Halle (f)	voorportaal	[foər·portãl]
Garderobe (f)	bewaarkamer	[bevãr·kamər]
Garderobennummer (f)	bewaarkamerkaartjie	[bevãr·kamər·kãrki]
Opernglas (n)	verkyker	[ferkajkər]
Platzanweiser (m)	plekaanwyser	[plek·ãnwajsər]

Parkett (n)	stalles	[stalles]
Balkon (m)	balkon	[balkon]
der erste Rang	eerste balkon	[eərstə balkon]
Loge (f)	losie	[losi]
Reihe (f)	ry	[raj]
Platz (m)	sitplek	[sitplek]

Publikum (n)	gehoor	[χehoər]
Zuschauer (m)	toehoorders	[tuhoərders]
klatschen (vi)	klap	[klap]
Applaus (m)	applous	[applæus]
Ovation (f)	toejuiging	[tujœəχiŋ]

Bühne (f)	verhoog	[ferhoəχ]
Vorhang (m)	gordyn	[χordajn]
Dekoration (f)	dekor	[dekor]
Kulissen (pl)	agter die verhoog	[aχtər di ferhoəχ]

Szene (f)	toneel	[toneəl]
Akt (m)	bedryf	[bedrajf]
Pause (f)	pouse	[pæusə]

125. Kino

Schauspieler (m)	**akteur**	[aktøər]
Schauspielerin (f)	**aktrise**	[aktrisə]
Kino (n)	**filmbedryf**	[film·bedrajf]
Film (m)	**fliek**	[flik]
Folge (f)	**episode**	[ɛpisodə]
Krimi (m)	**speurfliek**	[spøər·flik]
Actionfilm (m)	**aksiefliek**	[aksi·flik]
Abenteuerfilm (m)	**avontuurfliek**	[afontɪr·flik]
Science-Fiction-Film (m)	**wetenskapfiksiefilm**	[vetɛŋskapfiksi·film]
Horrorfilm (m)	**gruwelfliek**	[χruvɛl·flik]
Komödie (f)	**komedie**	[komedi]
Melodrama (n)	**melodrama**	[melodrama]
Drama (n)	**drama**	[drama]
Spielfilm (m)	**rolprent**	[rolprent]
Dokumentarfilm (m)	**dokumentêre rolprent**	[dokumentɛrə rolprent]
Zeichentrickfilm (m)	**tekenfilm**	[tekən·film]
Stummfilm (m)	**stilprent**	[stil·prent]
Rolle (f)	**rol**	[rol]
Hauptrolle (f)	**hoofrol**	[hoəf·rol]
spielen (Schauspieler)	**speel**	[speəl]
Filmstar (m)	**filmster**	[film·stər]
bekannt	**bekend**	[bekent]
berühmt	**beroemd**	[berumt]
populär	**gewild**	[χevilt]
Drehbuch (n)	**draaiboek**	[drãjbuk]
Drehbuchautor (m)	**draaiboekskrywer**	[drãjbuk·skrajvər]
Regisseur (m)	**filmregisseur**	[film·reχissøər]
Produzent (m)	**produsent**	[produsent]
Assistent (m)	**assistent**	[assistent]
Kameramann (m)	**kameraman**	[kameraman]
Stuntman (m)	**waaghals**	[vãχhals]
Double (n)	**dubbel**	[dubbəl]
Probe (f)	**filmtoets**	[film·tuts]
Dreharbeiten (pl)	**skiet**	[skit]
Filmteam (n)	**filmspan**	[film·span]
Filmset (m)	**rolprentstel**	[rolprent·stəl]
Filmkamera (f)	**kamera**	[kamera]
Kino (n)	**bioskoop**	[bioskoəp]
Leinwand (f)	**skerm**	[skerm]
Tonspur (f)	**klankbaan**	[klank·bān]
Spezialeffekte (pl)	**spesiale effekte**	[spesialə ɛffektə]
Untertitel (pl)	**onderskrif**	[ondərskrif]
Abspann (m)	**erkenning**	[ɛrkɛnniŋ]
Übersetzung (f)	**vertaling**	[fertaliŋ]

126. Gemälde

Kunst (f)	kuns	[kuns]
schönen Künste (pl)	skone kunste	[skonə kunstə]
Kunstgalerie (f)	kunsgalery	[kuns·χalerəj]
Kunstausstellung (f)	kunsuitstalling	[kuns·œitstalliŋ]
Malerei (f)	skildery	[skilderəj]
Graphik (f)	grafiese kuns	[χrafisə kuns]
abstrakte Kunst (f)	abstrakte kuns	[abstraktə kuns]
Impressionismus (m)	impressionisme	[imprɛssionismə]
Bild (n)	skildery	[skilderəj]
Zeichnung (Kohle- usw.)	tekening	[tekəniŋ]
Plakat (n)	plakkaat	[plakkāt]
Illustration (f)	illustrasie	[illustrasi]
Miniatur (f)	miniatuur	[miniatɪr]
Kopie (f)	kopie	[kopi]
Reproduktion (f)	reproduksie	[reproduksi]
Mosaik (n)	mosaiek	[mosajek]
Glasmalerei (f)	gebrandskilderde venster	[χebrandskilderdə fɛŋstər]
Fresko (n)	fresko	[fresko]
Gravüre (f)	gravure	[χrafurə]
Büste (f)	borsbeeld	[borsbeəlt]
Skulptur (f)	beeldhouwerk	[beəldhæʊverk]
Statue (f)	standbeeld	[standbeəlt]
Gips (m)	gips	[χips]
aus Gips	gips-	[χips-]
Porträt (n)	portret	[portret]
Selbstporträt (n)	selfportret	[sɛlf·portret]
Landschaftsbild (n)	landskap	[landskap]
Stillleben (n)	stillewe	[stillevə]
Karikatur (f)	karikatuur	[karikatɪr]
Entwurf (m)	skets	[skets]
Farbe (f)	verf	[ferf]
Aquarellfarbe (f)	waterverf	[vatər·ferf]
Öl (n)	olieverf	[oli·ferf]
Bleistift (m)	potlood	[potloət]
Tusche (f)	Indiese ink	[indisə ink]
Kohle (f)	houtskool	[hæʊts·koəl]
zeichnen (vt)	teken	[tekən]
malen (vi, vt)	skilder	[skildər]
Modell stehen	poseer	[poseər]
Modell (Mask.)	naakmodel	[nākmodəl]
Modell (Fem.)	naakmodel	[nākmodəl]
Maler (m)	kunstenaar	[kunstenār]
Kunstwerk (n)	kunswerk	[kuns·werk]

| Meisterwerk (n) | meesterstuk | [meəstər·stuk] |
| Atelier (n), Werkstatt (f) | studio | [studio] |

Leinwand (f)	doek	[duk]
Staffelei (f)	skildersesel	[skilders·esəl]
Palette (f)	palet	[palet]

Rahmen (m)	raam	[rām]
Restauration (f)	restourasie	[restæʊrasi]
restaurieren (vt)	restoureer	[restæʊreər]

127. Literatur und Dichtkunst

Literatur (f)	literatuur	[literatɪr]
Autor (m)	skrywer	[skrajvər]
Pseudonym (n)	skuilnaam	[skœil·nām]

Buch (n)	boek	[buk]
Band (m)	deel	[deəl]
Inhaltsverzeichnis (n)	inhoudsopgawe	[inhæʊds·opχavə]
Seite (f)	bladsy	[bladsaj]
Hauptperson (f)	hoofkarakter	[hoəf·karaktər]
Autogramm (n)	outograaf	[æʊtoχrāf]

Kurzgeschichte (f)	kortverhaal	[kort·ferhāl]
Erzählung (f)	novelle	[nofɛllə]
Roman (m)	roman	[roman]
Werk (Buch usw.)	werk	[verk]
Fabel (f)	fabel	[fabəl]
Krimi (m)	speurroman	[spøər·roman]

Gedicht (n)	gedig	[χedəχ]
Dichtung (f), Poesie (f)	digkuns	[diχkuns]
Gedicht (n)	epos	[ɛpos]
Dichter (m)	digter	[diχtər]

schöne Literatur (f)	fiksie	[fiksi]
Science-Fiction (f)	wetenskapsfiksie	[vetɛŋskaps·fiksi]
Abenteuer (n)	avonture	[afonturə]
Schülerliteratur (pl)	opvoedkundige literatuur	[opfutkundiχə literatɪr]
Kinderliteratur (f)	kinderliteratuur	[kindər·literatɪr]

128. Zirkus

Zirkus (m)	sirkus	[sirkus]
Wanderzirkus (m)	rondreisende sirkus	[rondræjsendə sirkus]
Programm (n)	program	[proχram]
Vorstellung (f)	voorstelling	[foərstɛlliŋ]

Nummer (f)	nommer	[nommər]
Manege (f)	sirkusring	[sirkus·riŋ]
Pantomime (f)	pantomime	[pantomimə]

Clown (m)	hanswors	[haŋswors]
Akrobat (m)	akrobaat	[akrobāt]
Akrobatik (f)	akrobatiek	[akrobatik]
Turner (m)	gimnas	[ximnas]
Turnen (n)	gimnastiek	[ximnastik]
Salto (m)	salto	[salto]

Kraftmensch (m)	atleet	[atleət]
Bändiger, Dompteur (m)	temmer	[tɛmmər]
Reiter (m)	ruiter	[rœitər]
Assistent (m)	assistent	[assistent]

Trick (m)	waaghalsige toertjie	[vāχhalsiχə turki]
Zaubertrick (m)	goëltoertjie	[χoɛl·turki]
Zauberkünstler (m)	goëlaar	[χoɛlār]

Jongleur (m)	jongleur	[jonχløər]
jonglieren (vi)	jongleer	[jonχleər]
Dresseur (m)	dresseerder	[drɛsseer·dər]
Dressur (f)	dressering	[drɛsseriŋ]
dressieren (vt)	afrig	[afrəχ]

129. Musik. Popmusik

Musik (f)	musiek	[musik]
Musiker (m)	musikant	[musikant]
Musikinstrument (n)	musiekinstrument	[musik·instrument]
spielen (auf der Gitarre ~)	speel ...	[speəl ...]

Gitarre (f)	kitaar	[kitār]
Geige (f)	viool	[fioəl]
Cello (n)	tjello	[ʧello]
Kontrabass (m)	kontrabas	[kontrabas]
Harfe (f)	harp	[harp]

Klavier (n)	piano	[piano]
Flügel (m)	vleuelklavier	[fløɛl·klafir]
Orgel (f)	orrel	[orrəl]

Blasinstrumente (pl)	blaasinstrumente	[blās·instrumentə]
Oboe (f)	hobo	[hobo]
Saxophon (n)	saksofoon	[saksofoən]
Klarinette (f)	klarinet	[klarinet]
Flöte (f)	dwarsfluit	[dwars·flœit]
Trompete (f)	trompet	[trompet]

| Akkordeon (n) | trekklavier | [trɛkklafir] |
| Trommel (f) | trommel | [trommel] |

Duo (n)	duet	[duet]
Trio (n)	trio	[trio]
Quartett (n)	kwartet	[kwartet]
Chor (m)	koor	[koər]
Orchester (n)	orkes	[orkes]

Popmusik (f)	popmusiek	[pop·musik]
Rockmusik (f)	rockmusiek	[rok·musik]
Rockgruppe (f)	rockgroep	[rok·χrup]
Jazz (m)	jazz	[jazz]

| Idol (n) | held | [hɛlt] |
| Verehrer (m) | bewonderaar | [bevondərãr] |

Konzert (n)	konsert	[kɔŋsert]
Sinfonie (f)	simfonie	[simfoni]
Komposition (f)	komposisie	[komposisi]
komponieren (vt)	komponeer	[komponeər]

Gesang (m)	sang	[saŋ]
Lied (n)	lied	[lit]
Melodie (f)	wysie	[vajsi]
Rhythmus (m)	ritme	[ritmə]
Blues (m)	blues	[blues]

Noten (pl)	bladmusiek	[blad·musik]
Taktstock (m)	dirigeerstok	[diriχeər·stok]
Bogen (m)	strykstok	[strajk·stok]
Saite (f)	snaar	[snãr]
Koffer (Violinen-)	houer	[hæʋər]

Erholung. Unterhaltung. Reisen

130. Ausflug. Reisen

Tourismus (m)	toerisme	[turismə]
Tourist (m)	toeris	[turis]
Reise (f)	reis	[ræjs]
Abenteuer (n)	avontuur	[afontɪr]
Fahrt (f)	reis	[ræjs]
Urlaub (m)	vakansie	[fakaŋsi]
auf Urlaub sein	met vakansie wees	[met fakaŋsi veəs]
Erholung (f)	rus	[rus]
Zug (m)	trein	[træjn]
mit dem Zug	per trein	[pər træjn]
Flugzeug (n)	vliegtuig	[fliχtœiχ]
mit dem Flugzeug	per vliegtuig	[pər fliχtœiχ]
mit dem Auto	per motor	[pər motor]
mit dem Schiff	per skip	[pər skip]
Gepäck (n)	bagasie	[baχasi]
Koffer (m)	tas	[tas]
Gepäckwagen (m)	bagasiekarretjie	[baχasi·karrəki]
Pass (m)	paspoort	[paspoərt]
Visum (n)	visum	[fisum]
Fahrkarte (f)	kaartjie	[kārki]
Flugticket (n)	lugkaartjie	[luχ·kārki]
Reiseführer (m)	reisgids	[ræjsχids]
Landkarte (f)	kaart	[kārt]
Gegend (f)	gebied	[χebit]
Ort (wunderbarer ~)	plek	[plek]
Exotika (pl)	eksotiese dinge	[ɛksotisə diŋə]
exotisch	eksoties	[ɛksotis]
erstaunlich (Adj)	verbasend	[ferbasent]
Gruppe (f)	groep	[χrup]
Ausflug (m)	uitstappie	[œitstappi]
Reiseleiter (m)	gids	[χids]

131. Hotel

Hotel (n), Gasthaus (n)	hotel	[hotəl]
Motel (n)	motel	[motəl]
drei Sterne	drie-ster	[dri-stər]

fünf Sterne	vyf-ster	[fajf-stər]
absteigen (vi)	oornag	[oərnaχ]

Hotelzimmer (n)	kamer	[kamər]
Einzelzimmer (n)	enkelkamer	[ɛnkəl·kamər]
Zweibettzimmer (n)	dubbelkamer	[dubbəl·kamər]

Halbpension (f)	met aandete, bed en ontbyt	[met ãndetə], [bet en ontbajt]
Vollpension (f)	volle losies	[follə losis]

mit Bad	met bad	[met bat]
mit Dusche	met stortbad	[met stort·bat]
Satellitenfernsehen (n)	satelliet-TV	[satɛllit-te·fe]
Klimaanlage (f)	lugversorger	[luχfersorχər]
Handtuch (n)	handdoek	[handduk]
Schlüssel (m)	sleutel	[sløətəl]

Verwalter (m)	bestuurder	[bestɪrdər]
Zimmermädchen (n)	kamermeisie	[kamər·mæjsi]
Träger (m)	hoteljoggie	[hotəl·joχi]
Portier (m)	portier	[portir]

Restaurant (n)	restaurant	[restɔurant]
Bar (f)	kroeg	[kruχ]
Frühstück (n)	ontbyt	[ontbajt]
Abendessen (n)	aandete	[ãndetə]
Buffet (n)	buffetete	[buffetetə]

Foyer (n)	voorportaal	[foər·portãl]
Aufzug (m), Fahrstuhl (m)	hysbak	[hajsbak]

BITTE NICHT STÖREN!	MOENIE STEUR NIE	[muni støər ni]
RAUCHEN VERBOTEN!	ROOK VERBODE	[roək ferbodə]

132. Bücher. Lesen

Buch (n)	boek	[buk]
Autor (m)	outeur	[æutøər]
Schriftsteller (m)	skrywer	[skrajvər]
verfassen (vt)	skryf	[skrajf]

Leser (m)	leser	[lesər]
lesen (vi, vt)	lees	[leəs]
Lesen (n)	lees	[leəs]

still (~ lesen)	stil	[stil]
laut (Adv)	hardop	[hardop]

verlegen (vt)	uitgee	[œitχeə]
Ausgabe (f)	uitgee	[œitχeə]
Herausgeber (m)	uitgewer	[œitχevər]
Verlag (m)	uitgewery	[œitχevəraj]
erscheinen (Buch)	verskyn	[ferskajn]
Erscheinen (n)	verskyn	[ferskajn]

Auflage (f)	oplaag	[oplāχ]
Buchhandlung (f)	boekhandel	[buk·handəl]
Bibliothek (f)	biblioteek	[biblioteək]
Erzählung (f)	novelle	[nofɛllə]
Kurzgeschichte (f)	kortverhaal	[kort·ferhāl]
Roman (m)	roman	[roman]
Krimi (m)	speurroman	[spøər·roman]
Memoiren (pl)	memoires	[memuares]
Legende (f)	legende	[leχendə]
Mythos (m)	mite	[mitə]
Gedichte (pl)	poësie	[poɛsi]
Autobiographie (f)	outobiografie	[æʊtobioχrafi]
ausgewählte Werke (pl)	bloemlesing	[blumlesiŋ]
Science-Fiction (f)	wetenskapsfiksie	[vetɛŋskaps·fiksi]
Titel (m)	titel	[titel]
Einleitung (f)	inleiding	[inlæjdiŋ]
Titelseite (f)	titelblad	[titel·blat]
Kapitel (n)	hoofstuk	[hoəfstuk]
Auszug (m)	fragment	[fraχment]
Episode (f)	episode	[ɛpisodə]
Sujet (n)	plot	[plot]
Inhalt (m)	inhoud	[inhæʊt]
Inhaltsverzeichnis (n)	inhoudsopgawe	[inhæʊds·opχavə]
Hauptperson (f)	hoofkarakter	[hoəf·karaktər]
Band (m)	deel	[deəl]
Buchdecke (f)	omslag	[omslaχ]
Einband (m)	band	[bant]
Lesezeichen (n)	bladwyser	[blat·vajsər]
Seite (f)	bladsy	[bladsaj]
blättern (vi)	deurblaai	[døərblāi]
Ränder (pl)	marges	[marχəs]
Notiz (f)	annotasie	[annotasi]
Anmerkung (f)	voetnota	[fut·nota]
Text (m)	teks	[teks]
Schrift (f)	lettertipe	[lɛttər·tipə]
Druckfehler (m)	drukfout	[druk·fæʊt]
Übersetzung (f)	vertaling	[fertaliŋ]
übersetzen (vt)	vertaal	[fertāl]
Original (n)	oorspronklike	[oərspronklikə]
berühmt	beroemd	[berumt]
unbekannt	onbekend	[onbekent]
interessant	interessante	[interessantə]
Bestseller (m)	blitsverkoper	[blits·ferkopər]
Wörterbuch (n)	woordeboek	[voərdə·buk]
Lehrbuch (n)	handboek	[hand·buk]
Enzyklopädie (f)	ensiklopedie	[ɛŋsiklopedi]

133. Jagen. Fischen

Jagd (f)	jag	[jaχ]
jagen (vi)	jag	[jaχ]
Jäger (m)	jagter	[jaχtər]

schießen (vi)	skiet	[skit]
Gewehr (n)	geweer	[χeveər]
Patrone (f)	patroon	[patroən]
Schrot (n)	hael	[haəl]
Falle (f)	slagyster	[slaχ·ajstər]
Schlinge (f)	valstrik	[falstrik]
in die Falle gehen	in die valstrik trap	[in di falstrik trap]
eine Falle stellen	n valstrik lê	[ə falstrik lɛ:]

Wilddieb (m)	wildstroper	[vilt·stropər]
Wild (n)	wild	[vilt]
Jagdhund (m)	jaghond	[jaχ·hont]
Safari (f)	safari	[safari]
ausgestopftes Tier (n)	opgestopte dier	[opχestoptə dir]

Fischer (m)	visterman	[fisterman]
Fischen (n)	vis vang	[fis faŋ]
angeln, fischen (vt)	vis vang	[fis faŋ]

Angel (f)	visstok	[fis·stok]
Angelschnur (f)	vislyn	[fis·lajn]
Haken (m)	vishoek	[fis·huk]
Schwimmer (m)	vlotter	[flottər]
Köder (m)	aas	[ãs]

die Angel auswerfen	lyngooi	[lajnχoj]
anbeißen (vi)	byt	[bajt]
Fang (m)	vang	[faŋ]
Eisloch (n)	gat in die ys	[χat in di ajs]

Netz (n)	visnet	[fis·net]
Boot (n)	boot	[boət]
das Netz hineinwerfen	die net gooi	[di net χoj]
das Netz einholen	die net intrek	[di net intrek]
ins Netz gehen	in die net val	[in di net fal]

Walfänger (m)	walvisvanger	[valfis·vaŋər]
Walfangschiff (n)	walvisboot	[valfis·boət]
Harpune (f)	harpoen	[harpun]

134. Spiele. Billard

Billard (n)	biljart	[biljart]
Billardzimmer (n)	biljartkamer	[biljart·kamər]
Billardkugel (f)	bal	[bal]
Queue (n)	biljartstok	[biljart·stok]
Tasche (f), Loch (n)	sakkie	[sakki]

135. Spiele. Kartenspiele

Karo (n)	diamante	[diamantə]
Pik (n)	skoppens	[skoppɛns]
Herz (n)	harte	[hartə]
Kreuz (n)	klawers	[klavərs]
As (n)	aas	[ās]
König (m)	koning	[koniŋ]
Dame (f)	dame	[damə]
Bube (m)	boer	[bur]
Spielkarte (f)	speelkaart	[speəl·kārt]
Karten (pl)	kaarte	[kārtə]
Trumpf (m)	troefkaart	[truf·kārt]
Kartenspiel (abgenutztes ~)	pak kaarte	[pak kārtə]
Punkt (m)	punt	[punt]
ausgeben (vt)	uitdeel	[œitdeəl]
mischen (vt)	skommel	[skomməl]
Zug (m)	beurt	[bøərt]
Falschspieler (m)	valsspeler	[fals·spelər]

136. Erholung. Spiele. Verschiedenes

spazieren gehen (vi)	wandel	[vandəl]
Spaziergang (m)	wandeling	[vandəliŋ]
Fahrt (im Wagen)	motorrit	[motor·rit]
Abenteuer (n)	avontuur	[afontɪr]
Picknick (n)	piekniek	[piknik]
Spiel (n)	spel	[spel]
Spieler (m)	speler	[spelər]
Partie (f)	spel	[spel]
Sammler (m)	versamelaar	[fersamelār]
sammeln (vt)	versamel	[fersaməl]
Sammlung (f)	versameling	[fersameliŋ]
Kreuzworträtsel (n)	blokkiesraaisel	[blokkis·rāisəl]
Rennbahn (f)	perderesiesbaan	[perde·resisbān]
Diskothek (f)	disko	[disko]
Sauna (f)	sauna	[sɔuna]
Lotterie (f)	lotery	[loteraj]
Wanderung (f)	kampeeruitstappie	[kampeər·ajtstappi]
Lager (n)	kamp	[kamp]
Zelt (n)	tent	[tɛnt]
Kompass (m)	kompas	[kompas]
Tourist (m)	kampeerder	[kampeərdər]
fernsehen (vi)	kyk	[kajk]
Fernsehzuschauer (m)	kyker	[kajkər]
Fernsehsendung (f)	TV-program	[te·fe-proχram]

137. Fotografie

Kamera (f)	kamera	[kamera]
Foto (n)	foto	[foto]
Fotograf (m)	fotograaf	[fotoχrãf]
Fotostudio (n)	fotostudio	[foto·studio]
Fotoalbum (n)	fotoalbum	[foto·album]
Objektiv (n)	kameralens	[kamera·lɛŋs]
Teleobjektiv (n)	telefotolens	[telefoto·lɛŋs]
Filter (n)	filter	[filtər]
Linse (f)	lens	[lɛŋs]
Optik (f)	optiek	[optik]
Blende (f)	diafragma	[diafraχma]
Belichtungszeit (f)	beligtingstyd	[beliχtiŋs·tajt]
Sucher (m)	soeker	[sukər]
Digitalkamera (f)	digitale kamera	[diχitalə kamera]
Stativ (n)	driepoot	[dripoət]
Blitzgerät (n)	flits	[flits]
fotografieren (vt)	fotografeer	[fotoχrafeər]
aufnehmen (vt)	fotografeer	[fotoχrafeər]
sich fotografieren lassen	jou portret laat maak	[jæʊ portret lãt mãk]
Fokus (m)	fokus	[fokus]
den Fokus einstellen	fokus	[fokus]
scharf (~ abgebildet)	skerp	[skerp]
Schärfe (f)	skerpheid	[skerphæjt]
Kontrast (m)	kontras	[kontras]
kontrastreich	kontrasryk	[kontrasrajk]
Aufnahme (f)	kiekie	[kiki]
Negativ (n)	negatief	[neχatif]
Rollfilm (m)	rolfilm	[rolfilm]
Einzelbild (n)	raampie	[rãmpi]
drucken (vt)	druk	[druk]

138. Strand. Schwimmen

Strand (m)	strand	[strant]
Sand (m)	sand	[sant]
menschenleer	verlate	[ferlatə]
Bräune (f)	sonbruin kleur	[sonbrœin kløər]
sich bräunen	bruinbrand	[brœinbrant]
gebräunt	bruingebrand	[brœiŋəbrant]
Sonnencreme (f)	sonskermroom	[sɔŋ·skerm·roəm]
Bikini (m)	bikini	[bikini]
Badeanzug (m)	baaikostuum	[bãj·kostɪm]

Badehose (f)	baaibroek	[bāj·bruk]
Schwimmbad (n)	swembad	[swem·bat]
schwimmen (vi)	swem	[swem]
Dusche (f)	stort	[stort]
sich umkleiden	verklee	[ferkleə]
Handtuch (n)	handdoek	[handduk]

| Boot (n) | boot | [boət] |
| Motorboot (n) | motorboot | [motor·boət] |

Wasserski (m)	waterski	[vatər·ski]
Tretboot (n)	waterfiets	[vatər·fits]
Surfen (n)	branderplankry	[brandərplank·raj]
Surfer (m)	branderplankryer	[brandərplank·rajer]

Tauchgerät (n)	duiklong	[dœikloŋ]
Schwimmflossen (pl)	paddavoet	[padda·fut]
Maske (f)	duikmasker	[dœik·maskər]
Taucher (m)	duiker	[dœikər]
tauchen (vi)	duik	[dœik]
unter Wasser	onder water	[ondər vatər]

Sonnenschirm (m)	strandsambreel	[strand·sambreəl]
Liege (f)	strandstoel	[strand·stul]
Sonnenbrille (f)	sonbril	[son·bril]
Schwimmmatratze (f)	opblaasmatras	[opblās·matras]

| spielen (vi, vt) | speel | [speəl] |
| schwimmen gehen | gaan swem | [χān swem] |

Ball (m)	strandbal	[strand·bal]
aufblasen (vt)	opblaas	[opblās]
aufblasbar	opblaas-	[opblās-]

Welle (f)	golf	[χolf]
Boje (f)	boei	[bui]
ertrinken (vi)	verdrink	[ferdrink]

retten (vt)	red	[ret]
Schwimmweste (f)	reddingsbaadjie	[rɛddiŋs·bādʒi]
beobachten (vt)	dophou	[dophæʊ]
Bademeister (m)	lewensredder	[levɛŋs·rɛddər]

TECHNISCHES ZUBEHÖR. TRANSPORT

Technisches Zubehör

139. Computer

Computer (m)	rekenaar	[rekənār]
Laptop (m), Notebook (n)	skootrekenaar	[skoət·rekənār]
einschalten (vt)	aanskakel	[ānskakəl]
abstellen (vt)	afskakel	[afskakəl]
Tastatur (f)	toetsbord	[tuts·bort]
Taste (f)	toets	[tuts]
Maus (f)	muis	[mœis]
Mousepad (n)	muismatjie	[mœis·maki]
Knopf (m)	knop	[knop]
Cursor (m)	loper	[lopər]
Monitor (m)	monitor	[monitor]
Schirm (m)	skerm	[skerm]
Festplatte (f)	harde skyf	[hardə skajf]
Festplattengröße (f)	harde skyf se vermoë	[hardə skajf sə fermoɛ]
Speicher (m)	geheue	[xəhøə]
Arbeitsspeicher (m)	RAM-geheue	[ram-xehøəə]
Datei (f)	lêer	[lɛər]
Ordner (m)	gids	[xids]
öffnen (vt)	oopmaak	[oəpmāk]
schließen (vt)	sluit	[slœit]
speichern (vt)	bewaar	[bevār]
löschen (vt)	uitvee	[œitfeə]
kopieren (vt)	kopieer	[kopir]
sortieren (vt)	sorteer	[sorteər]
transferieren (vt)	oorplaas	[oərplās]
Programm (n)	program	[proxram]
Software (f)	sagteware	[saxtevarə]
Programmierer (m)	programmeur	[proxrammøər]
programmieren (vt)	programmeer	[proxrammeər]
Hacker (m)	kuberkraker	[kubər·krakər]
Kennwort (n)	wagwoord	[vax·woərt]
Virus (m, n)	virus	[firus]
entdecken (vt)	opspoor	[opspoər]
Byte (n)	greep	[xreəp]

Megabyte (n)	megagreep	[meχaχreəp]
Daten (pl)	data	[data]
Datenbank (f)	databasis	[data·basis]

Kabel (n)	kabel	[kabəl]
trennen (vt)	ontkoppel	[ontkoppəl]
anschließen (vt)	konnekteer	[konnekteər]

140. Internet. E-Mail

Internet (n)	internet	[internet]
Browser (m)	webblaaier	[veb·blājer]
Suchmaschine (f)	soekenjin	[suk·εndʒin]
Provider (m)	verskaffer	[ferskaffər]

Webmaster (m)	webmeester	[veb·meəstər]
Website (f)	webwerf	[veb·werf]
Webseite (f)	webblad	[veb·blat]

| Adresse (f) | adres | [adres] |
| Adressbuch (n) | adresboek | [adres·buk] |

Mailbox (f)	posbus	[pos·bus]
Post (f)	pos	[pos]
überfüllt (-er Briefkasten)	vol	[fol]

Mitteilung (f)	boodskap	[boədskap]
eingehenden Nachrichten	inkomende boodskappe	[inkomendə boədskappə]
ausgehenden Nachrichten	uitgaande boodskappe	[œitχāndə boədskappə]

Absender (m)	sender	[sendər]
senden (vt)	verstuur	[ferstɪr]
Absendung (f)	versending	[fersendiŋ]

| Empfänger (m) | ontvanger | [ontfaŋər] |
| empfangen (vt) | ontvang | [ontfaŋ] |

| Briefwechsel (m) | korrespondensie | [korrespondεŋsi] |
| im Briefwechsel stehen | korrespondeer | [korrespondeər] |

Datei (f)	lêer	[lεər]
herunterladen (vt)	aflaai	[aflāi]
schaffen (vt)	skep	[skep]
löschen (vt)	uitvee	[œitfeə]
gelöscht (Datei)	uitgevee	[œitχefeə]

Verbindung (f)	konneksie	[konneksi]
Geschwindigkeit (f)	spoed	[sput]
Modem (n)	modem	[modem]
Zugang (m)	toegang	[tuχaŋ]
Port (m)	portaal	[portāl]

| Anschluss (m) | aansluiting | [āŋslœitiŋ] |
| sich anschließen | aansluit by ... | [āŋslœit baj ...] |

auswählen (vt)	**kies**	[kis]
suchen (vt)	**soek**	[suk]

Transport

141. Flugzeug

Flugzeug (n)	vliegtuig	[fliχtœiχ]
Flugticket (n)	lugkaartjie	[luχ·kärki]
Fluggesellschaft (f)	lugredery	[luχrederaj]
Flughafen (m)	lughawe	[luχhavə]
Überschall-	supersonies	[supersonis]
Flugkapitän (m)	kaptein	[kaptæjn]
Besatzung (f)	bemanning	[bemanniŋ]
Pilot (m)	piloot	[piloət]
Flugbegleiterin (f)	lugwaardin	[luχ·wārdin]
Steuermann (m)	navigator	[nafiχator]
Flügel (pl)	vlerke	[flerkə]
Schwanz (m)	stert	[stert]
Kabine (f)	stuurkajuit	[stɪr·kajœit]
Motor (m)	enjin	[ɛndʒin]
Fahrgestell (n)	landingstel	[landiŋ·stəl]
Turbine (f)	turbine	[turbinə]
Propeller (m)	skroef	[skruf]
Flugschreiber (m)	swart boks	[swart boks]
Steuerrad (n)	stuurstang	[stɪr·staŋ]
Treibstoff (m)	brandstof	[brantstof]
Sicherheitskarte (f)	veiligheidskaart	[fæjliχæjts·kārt]
Sauerstoffmaske (f)	suurstofmasker	[sɪrstof·maskər]
Uniform (f)	uniform	[uniform]
Rettungsweste (f)	reddingsbaadjie	[rɛddiŋs·bādʒi]
Fallschirm (m)	valskerm	[fal·skerm]
Abflug, Start (m)	opstyging	[opstajχiŋ]
starten (vi)	opstyg	[opstajχ]
Startbahn (f)	landingsbaan	[landiŋs·bān]
Sicht (f)	uitsig	[œitsəχ]
Flug (m)	vlug	[fluχ]
Höhe (f)	hoogte	[hoəχtə]
Luftloch (n)	lugsak	[luχsak]
Platz (m)	sitplek	[sitplek]
Kopfhörer (m)	koptelefoon	[kop·telefoən]
Klapptisch (m)	voutafeltjie	[fæʊ·tafɛlki]
Bullauge (n)	vliegtuigvenster	[fliχtœiχ·fɛŋstər]
Durchgang (m)	paadjie	[pādʒi]

142. Zug

Zug (m)	trein	[træjn]
elektrischer Zug (m)	voorstedelike trein	[foərstedelikə træjn]
Schnellzug (m)	sneltrein	[snɛl·træjn]
Diesellok (f)	diesellokomotief	[disəl·lokomotif]
Dampflok (f)	stoomlokomotief	[stoəm·lokomotif]
Personenwagen (m)	passasierswa	[passasirs·wa]
Speisewagen (m)	eetwa	[eət·wa]
Schienen (pl)	spoorstawe	[spoər·stavə]
Eisenbahn (f)	spoorweg	[spoər·weχ]
Bahnschwelle (f)	dwarslêer	[dwarslɛər]
Bahnsteig (m)	perron	[perron]
Gleis (n)	spoor	[spoər]
Eisenbahnsignal (n)	semafoor	[semafoər]
Station (f)	stasie	[stasi]
Lokomotivführer (m)	treindrywer	[træjn·drajvər]
Träger (m)	portier	[portir]
Schaffner (m)	kondukteur	[konduktøər]
Fahrgast (m)	passasier	[passasir]
Fahrkartenkontrolleur (m)	kondukteur	[konduktøər]
Flur (m)	gang	[χaŋ]
Notbremse (f)	noodrem	[noədrem]
Abteil (n)	kompartiment	[kompartiment]
Liegeplatz (m), Schlafkoje (f)	bed	[bet]
oberer Liegeplatz (m)	boonste bed	[boəŋstə bet]
unterer Liegeplatz (m)	onderste bed	[ondərstə bet]
Bettwäsche (f)	beddegoed	[beddə·χut]
Fahrkarte (f)	kaartjie	[kãrki]
Fahrplan (m)	diensrooster	[diŋs·roəstər]
Anzeigetafel (f)	informasiebord	[informasi·bort]
abfahren (der Zug)	vertrek	[fertrek]
Abfahrt (f)	vertrek	[fertrek]
ankommen (der Zug)	aankom	[ãnkom]
Ankunft (f)	aankoms	[ãnkoms]
mit dem Zug kommen	aankom per trein	[ãnkom pər træjn]
in den Zug einsteigen	in die trein klim	[in di træjn klim]
aus dem Zug aussteigen	uit die trein klim	[œit di træjn klim]
Zugunglück (n)	treinbotsing	[træjn·botsiŋ]
entgleisen (vi)	ontspoor	[ontspoər]
Dampflok (f)	stoomlokomotief	[stoəm·lokomotif]
Heizer (m)	stoker	[stokər]
Feuerbüchse (f)	stookplek	[stoəkplek]
Kohle (f)	steenkool	[steən·koəl]

143. Schiff

Schiff (n)	**skip**	[skip]
Fahrzeug (n)	**vaartuig**	[fārtœiχ]
Dampfer (m)	**stoomboot**	[stoəm·boət]
Motorschiff (n)	**rivierboot**	[rifir·boət]
Kreuzfahrtschiff (n)	**toerskip**	[tur·skip]
Kreuzer (m)	**kruiser**	[krœisər]
Jacht (f)	**jag**	[jaχ]
Schlepper (m)	**sleepboot**	[sleəp·boət]
Lastkahn (m)	**vragskuit**	[fraχ·skœit]
Fähre (f)	**veerboot**	[feər·boət]
Segelschiff (n)	**seilskip**	[sæjl·skip]
Brigantine (f)	**skoenerbrik**	[skunər·brik]
Eisbrecher (m)	**ysbreker**	[ajs·brekər]
U-Boot (n)	**duikboot**	[dœik·boət]
Boot (n)	**roeiboot**	[ruiboət]
Dingi (n), Beiboot (n)	**bootjie**	[boəki]
Rettungsboot (n)	**reddingsboot**	[rɛddiŋs·boət]
Motorboot (n)	**motorboot**	[motor·boət]
Kapitän (m)	**kaptein**	[kaptæjn]
Matrose (m)	**seeman**	[seəman]
Seemann (m)	**matroos**	[matroəs]
Besatzung (f)	**bemanning**	[bemanniŋ]
Bootsmann (m)	**bootsman**	[boətsman]
Schiffsjunge (m)	**skeepsjonge**	[skeəps·joŋə]
Schiffskoch (m)	**kok**	[kok]
Schiffsarzt (m)	**skeepsdokter**	[skeəps·doktər]
Deck (n)	**dek**	[dek]
Mast (m)	**mas**	[mas]
Segel (n)	**seil**	[sæjl]
Schiffsraum (m)	**skeepsruim**	[skeəps·rœim]
Bug (m)	**boeg**	[buχ]
Heck (n)	**agterstewe**	[aχterstevə]
Ruder (n)	**roeispaan**	[ruis·pān]
Schraube (f)	**skroef**	[skruf]
Kajüte (f)	**kajuit**	[kajœit]
Messe (f)	**offisierskajuit**	[offisirs·kajœit]
Maschinenraum (m)	**enjinkamer**	[ɛnʤin·kamər]
Kommandobrücke (f)	**brug**	[bruχ]
Funkraum (m)	**radiokamer**	[radio·kamər]
Radiowelle (f)	**golf**	[χolf]
Schiffstagebuch (n)	**logboek**	[loχbuk]
Fernrohr (n)	**verkyker**	[ferkajkər]
Glocke (f)	**bel**	[bəl]

Fahne (f)	vlag	[flaχ]
Seil (n)	kabel	[kabəl]
Knoten (m)	knoop	[knoəp]

| Geländer (n) | dekleuning | [dek·løəniŋ] |
| Treppe (f) | gangplank | [χaŋ·plank] |

Anker (m)	anker	[ankər]
den Anker lichten	anker lig	[ankər ləχ]
Anker werfen	anker uitgooi	[ankər œitχoj]
Ankerkette (f)	ankerketting	[ankər·kɛttiŋ]

Hafen (m)	hawe	[havə]
Anlegestelle (f)	kaai	[kãi]
anlegen (vi)	vasmeer	[fasmeər]
abstoßen (vt)	vertrek	[fertrek]

Reise (f)	reis	[ræjs]
Kreuzfahrt (f)	cruise	[kruːs]
Kurs (m), Richtung (f)	koers	[kurs]
Reiseroute (f)	roete	[rutə]

Fahrwasser (n)	vaarwater	[fãr·vatər]
Untiefe (f)	sandbank	[sand·bank]
stranden (vi)	strand	[strant]

Sturm (m)	storm	[storm]
Signal (n)	sienjaal	[sinjãl]
untergehen (vi)	sink	[sink]
Mann über Bord!	Man oorboord!	[man oərboərd!]
SOS	SOS	[sos]
Rettungsring (m)	reddingsboei	[rɛddiŋs·bui]

144. Flughafen

Flughafen (m)	lughawe	[luχhavə]
Flugzeug (n)	vliegtuig	[fliχtœiχ]
Fluggesellschaft (f)	lugredery	[luχrederaj]
Fluglotse (m)	lugverkeersleier	[luχ·ferkeərs·læjer]

Abflug (m)	vertrek	[fertrek]
Ankunft (f)	aankoms	[ãnkoms]
anfliegen (vi)	aankom	[ãnkom]

| Abflugzeit (f) | vertrektyd | [fertrək·tajt] |
| Ankunftszeit (f) | aankomstyd | [ãnkoms·tajt] |

| sich verspäten | vertraag wees | [fertrãχ veəs] |
| Abflugverspätung (f) | vlugvertraging | [fluχ·fertraχiŋ] |

Anzeigetafel (f)	informasiebord	[informasi·bort]
Information (f)	informasie	[informasi]
ankündigen (vt)	aankondig	[ãnkondəχ]
Flug (m)	vlug	[fluχ]

| Zollamt (n) | doeane | [duanə] |
| Zollbeamter (m) | doeanebeampte | [duanə·beamptə] |

Zolldeklaration (f)	doeaneverklaring	[duanə·ferklariŋ]
ausfüllen (vt)	invul	[inful]
Passkontrolle (f)	paspoortkontrole	[paspoərt·kontrolə]

Gepäck (n)	bagasie	[baχasi]
Handgepäck (n)	handbagasie	[hand·baχasi]
Kofferkuli (m)	bagasiekarretjie	[baχasi·karrəki]

Landung (f)	landing	[landiŋ]
Landebahn (f)	landingsbaan	[landiŋs·bān]
landen (vi)	land	[lant]
Fluggasttreppe (f)	vliegtuigtrap	[fliχtœiχ·trap]

Check-in (n)	na die vertrektoonbank	[na di fertrək·toənbank]
Check-in-Schalter (m)	vertrektoonbank	[fertrək·toənbank]
sich registrieren lassen	na die vertrektoonbank gaan	[na di fertrək·toənbank χān]
Bordkarte (f)	instapkaart	[instap·kārt]
Abfluggate (n)	vertrekuitgang	[fertrek·œitχaŋ]

Transit (m)	transito	[traŋsito]
warten (vi)	wag	[vaχ]
Wartesaal (m)	vertreksaal	[fertrək·sāl]
begleiten (vt)	afsien	[afsin]
sich verabschieden	afskeid neem	[afskæjt neəm]

145. Fahrrad. Motorrad

Fahrrad (n)	fiets	[fits]
Motorroller (m)	bromponie	[bromponi]
Motorrad (n)	motorfiets	[motorfits]

Rad fahren	per fiets ry	[pər fits raj]
Lenkstange (f)	stuurstang	[stɪr·staŋ]
Pedal (n)	pedaal	[pedāl]
Bremsen (pl)	remme	[remmə]
Sattel (m)	fietssaal	[fits·sāl]

Pumpe (f)	pomp	[pomp]
Gepäckträger (m)	bagasierak	[baχasi·rak]
Scheinwerfer (m)	fietslamp	[fits·lamp]
Helm (m)	helmet	[hɛlmet]

Rad (n)	wiel	[vil]
Schutzblech (n)	modderskerm	[moddər·skerm]
Felge (f)	velling	[fɛlliŋ]
Speiche (f)	speek	[speək]

133

Autos

146. Autotypen

Auto (n)	motor	[motor]
Sportwagen (m)	sportmotor	[sport·motor]
Limousine (f)	limousine	[limæʊsinə]
Geländewagen (m)	veldvoertuig	[fɛlt·furtœiχ]
Kabriolett (n)	met afslaandak	[met afsländak]
Kleinbus (m)	bussie	[bussi]
Krankenwagen (m)	ambulans	[ambulaŋs]
Schneepflug (m)	sneeuploeg	[sniʊ·pluχ]
Lastkraftwagen (m)	vragmotor	[fraχ·motor]
Tankwagen (m)	tenkwa	[tɛnk·wa]
Kastenwagen (m)	bestelwa	[bestəl·wa]
Sattelzug (m)	padtrekker	[pad·trɛkkər]
Anhänger (m)	aanhangwa	[ānhaŋ·wa]
komfortabel	gemaklik	[χemaklik]
gebraucht	gebruik	[χebrœik]

147. Autos. Karosserie

Motorhaube (f)	enjinkap	[ɛnʤin·kap]
Kotflügel (m)	modderskerm	[moddər·skerm]
Dach (n)	dak	[dak]
Windschutzscheibe (f)	voorruit	[foər·rœit]
Rückspiegel (m)	truspieël	[tru·spiɛl]
Scheibenwaschanlage (f)	voorruitsproer	[foər·rœitsprur]
Scheibenwischer (m)	ruitveërs	[rœit·feɛrs]
Seitenscheibe (f)	syvenster	[saj·fɛŋstər]
Fensterheber (m)	vensterhyser	[fɛŋstər·hajsər]
Antenne (f)	lugdraad	[luχdrāt]
Schiebedach (n)	sondak	[sondak]
Stoßstange (f)	buffer	[buffər]
Kofferraum (m)	bagasiebak	[baχasi·bak]
Dachgepäckträger (m)	dakreling	[dak·reliŋ]
Wagenschlag (m)	deur	[døər]
Türgriff (m)	handvatsel	[hand·fatsəl]
Türschloss (n)	deurslot	[døər·slot]
Nummernschild (n)	nommerplaat	[nommər·plāt]
Auspufftopf (m)	knaldemper	[knal·dempər]

Benzintank (m)	petroltenk	[petrol·tɛnk]
Auspuffrohr (n)	uitlaatpyp	[œitlāt·pajp]
Gas (n)	gaspedaal	[χas·pedāl]
Pedal (n)	pedaal	[pedāl]
Gaspedal (n)	gaspedaal	[χas·pedāl]
Bremse (f)	rem	[rem]
Bremspedal (n)	rempedaal	[rem·pedāl]
bremsen (vi)	remtrap	[remtrap]
Handbremse (f)	parkeerrem	[parkeər·rem]
Kupplung (f)	koppelaar	[koppelār]
Kupplungspedal (n)	koppelaarpedaal	[koppelār·pedāl]
Kupplungsscheibe (f)	koppelaarskyf	[koppelār·skajf]
Stoßdämpfer (m)	skokbreker	[skok·brekər]
Rad (n)	wiel	[vil]
Reserverad (n)	spaarwiel	[spār·wil]
Reifen (m)	band	[bant]
Radkappe (f)	wieldop	[wil·dop]
Triebräder (pl)	dryfwiele	[drajf·wilə]
mit Vorderantrieb	voorwielaandrywing	[foərwil·āndrajviŋ]
mit Hinterradantrieb	agterwielaandrywing	[aχtərwil·āndrajviŋ]
mit Allradantrieb	vierwielaandrywing	[firwil·āndrajviŋ]
Getriebe (n)	ratkas	[ratkas]
Automatik-	outomaties	[æʊtomatis]
Schalt-	meganies	[meχanis]
Schalthebel (m)	ratwisselaar	[ratwisselār]
Scheinwerfer (m)	koplig	[kopləχ]
Scheinwerfer (pl)	kopligte	[kopliχtə]
Abblendlicht (n)	dempstraal	[demp·strāl]
Fernlicht (n)	hoofstraal	[hoəf·strāl]
Stopplicht (n)	remlig	[remləχ]
Standlicht (n)	parkeerlig	[parkeər·ləχ]
Warnblinker (m)	gevaarligte	[χefār·liχtə]
Nebelscheinwerfer (pl)	mislampe	[mis·lampə]
Blinker (m)	draaiwyser	[drāj·vajsər]
Rückfahrscheinwerfer (m)	trulig	[truləχ]

148. Autos. Fahrgastraum

Wageninnere (n)	interieur	[interiøər]
Leder-	leer-	[leər-]
aus Velours	fluweel-	[fluveəl-]
Polster (n)	bekleding	[beklediŋ]
Instrument (n)	instrument	[instrument]
Armaturenbrett (n)	voorpaneel	[foər·paneəl]

| Tachometer (m) | spoedmeter | [spud·metər] |
| Nadel (f) | wyster | [vajstər] |

Kilometerzähler (m)	afstandmeter	[afstant·metər]
Anzeige (Temperatur-)	sensor	[sɛŋsor]
Pegel (m)	vlak	[flak]
Kontrollleuchte (f)	waarskulig	[vãrskuləχ]

Steuerrad (n)	stuurwiel	[stɪr·wil]
Hupe (f)	toeter	[tutər]
Knopf (m)	knop	[knop]
Umschalter (m)	skakelaar	[skakəlãr]

Sitz (m)	sitplek	[sitplek]
Rückenlehne (f)	rugsteun	[ruχ·støən]
Kopfstütze (f)	kopstut	[kopstut]
Sicherheitsgurt (m)	veiligheidsgordel	[fæjliχæjts·χordəl]
sich anschnallen	die gordel vasmaak	[di χordəl fasmãk]
Einstellung (f)	verstelling	[ferstɛliŋ]

| Airbag (m) | lugsak | [luχsak] |
| Klimaanlage (f) | lugversorger | [luχfersorχər] |

Radio (n)	radio	[radio]
CD-Spieler (m)	CD-speler	[se·de spelər]
einschalten (vt)	aanskakel	[ãŋskakəl]
Antenne (f)	lugdraad	[luχdrãt]
Handschuhfach (n)	paneelkassie	[paneəl·kassi]
Aschenbecher (m)	asbak	[asbak]

149. Autos. Motor

Triebwerk (n)	enjin	[ɛndʒin]
Motor (m)	motor	[motor]
Diesel-	diesel	[disəl]
Benzin-	petrol	[petrol]

Hubraum (m)	enjininhoud	[ɛndʒin·inhæʊt]
Leistung (f)	krag	[kraχ]
Pferdestärke (f)	perdekrag	[perdə·kraχ]
Kolben (m)	suier	[sœier]
Zylinder (m)	silinder	[silindər]
Ventil (n)	klep	[klep]

Injektor (m)	inspuiting	[inspœitiŋ]
Generator (m)	generator	[χenerator]
Vergaser (m)	vergasser	[ferχassər]
Motoröl (n)	motorolie	[motor·oli]

Kühler (m)	verkoeler	[ferkulər]
Kühlflüssigkeit (f)	koelmiddel	[kul·middəl]
Ventilator (m)	waaier	[vãjer]
Autobatterie (f)	battery	[battəraj]
Anlasser (m)	aansitter	[ãŋsittər]

| Zündung (f) | ontsteking | [ontstekiŋ] |
| Zündkerze (f) | vonkprop | [fonk·prop] |

Klemme (f)	pool	[poəl]
Pluspol (m)	positiewe pool	[positivə poəl]
Minuspol (m)	negatiewe pool	[neχativə poəl]
Sicherung (f)	sekering	[sekəriŋ]

Luftfilter (m)	lugfilter	[luχ·filtər]
Ölfilter (m)	oliefilter	[oli·filtər]
Treibstofffilter (m)	brandstoffilter	[brantstof·filtər]

150. Autos. Unfall. Reparatur

Unfall (m)	motorbotsing	[motor·botsiŋ]
Verkehrsunfall (m)	verkeersongeluk	[ferkeərs·onχəluk]
fahren gegen ...	bots	[bots]
verunglücken (vi)	verongeluk	[feronχəluk]
Schaden (m)	skade	[skadə]
heil (Adj)	onbeskadig	[onbeskadəχ]

Panne (f)	onklaar raak	[onklār rāk]
kaputtgehen (vi)	onklaar raak	[onklār rāk]
Abschleppseil (n)	sleeptou	[sleəp·tæʊ]

Reifenpanne (f)	papwiel	[pap·wil]
platt sein	pap wees	[pap veəs]
pumpen (vt)	oppomp	[oppomp]
Reifendruck (m)	druk	[druk]
prüfen (vt)	nagaan	[naχān]

Reparatur (f)	herstel	[herstəl]
Reparaturwerkstatt (f)	garage	[χaraʒə]
Ersatzteil (n)	onderdeel	[ondərdeəl]
Einzelteil (n)	onderdeel	[ondərdeəl]

Bolzen (m)	bout	[bæʊt]
Schraube (f)	skroef	[skruf]
Schraubenmutter (f)	moer	[mur]
Scheibe (f)	waster	[vastər]
Lager (n)	koeëllaer	[kuɛllaər]

Rohr (Abgas-)	pyp	[pajp]
Dichtung (f)	pakstuk	[pakstuk]
Draht (m)	kabel	[kabəl]

Wagenheber (m)	domkrag	[domkraχ]
Schraubenschlüssel (m)	moersleutel	[mur·sløətəl]
Hammer (m)	hamer	[hamər]
Pumpe (f)	pomp	[pomp]
Schraubenzieher (m)	skroewedraaier	[skruvə·drājer]

| Feuerlöscher (m) | brandblusser | [brant·blussər] |
| Warndreieck (n) | gevaardriehoek | [χefār·drihuk] |

abwürgen (Motor)	stol	[stol]
Anhalten (~ des Motors)	stol	[stol]
kaputt sein	stukkend wees	[stukkent veəs]

überhitzt werden (Motor)	oorverhit	[oərferhit]
verstopft sein	verstop raak	[ferstop rãk]
einfrieren (Schloss, Rohr)	vries	[fris]
zerplatzen (vi)	bars	[bars]

Druck (m)	druk	[druk]
Pegel (m)	vlak	[flak]
schlaff (z.b. -e Riemen)	slap	[slap]

Delle (f)	duik	[dœik]
Klopfen (n)	klopgeluid	[klop·χəlœit]
Riß (m)	kraak	[krãk]
Kratzer (m)	skraap	[skrãp]

151. Autos. Straßen

Fahrbahn (f)	pad	[pat]
Schnellstraße (f)	deurpad	[døərpat]
Autobahn (f)	deurpad	[døərpat]
Richtung (f)	rigting	[riχtiŋ]
Entfernung (f)	afstand	[afstant]

Brücke (f)	brug	[bruχ]
Parkplatz (m)	parkeerterrein	[parkeər·terræjn]
Platz (m)	plein	[plæjn]
Autobahnkreuz (n)	padknoop	[pad·knoəp]
Tunnel (m)	tonnel	[tonnəl]

Tankstelle (f)	petrolstasie	[petrol·stasi]
Parkplatz (m)	parkeerterrein	[parkeər·terræjn]
Zapfsäule (f)	petrolpomp	[petrol·pomp]
Reparaturwerkstatt (f)	garage	[χaraʒə]
tanken (vt)	volmaak	[folmãk]
Treibstoff (m)	brandstof	[brantstof]
Kanister (m)	petrolblik	[petrol·blik]

Asphalt (m)	teer	[teər]
Markierung (f)	padmerktekens	[pad·merktekɛŋs]
Bordstein (m)	randsteen	[rand·steən]
Leitplanke (f)	skutreling	[skut·reliŋ]
Graben (m)	donga	[donχa]
Straßenrand (m)	skouer	[skæʊər]
Straßenlaterne (f)	lamppaal	[lamp·pãl]

fahren (vt)	bestuur	[bestɪr]
abbiegen (nach links ~)	draai	[drãi]
umkehren (vi)	U-draai maak	[u-drãj mãk]
Rückwärtsgang (m)	tru-	[tru-]
hupen (vi)	toeter	[tutər]
Hupe (f)	toeter	[tutər]

stecken (im Schlamm ~)	**vassteek**	[fassteək]
durchdrehen (Räder)	**die wiele laat tol**	[di vilə lāt tol]
abstellen (Motor ~)	**afskakel**	[afskakəl]
Geschwindigkeit (f)	**spoed**	[sput]
Geschwindigkeit überschreiten	**die spoedgrens oortree**	[di sputχrɛŋs oərtreə]
Ampel (f)	**robot**	[robot]
Führerschein (m)	**bestuurslisensie**	[bestɪrs·lisɛŋsi]
Bahnübergang (m)	**treinoorgang**	[træjn·oərχaŋ]
Straßenkreuzung (f)	**kruispunt**	[krœis·punt]
Fußgängerüberweg (m)	**sebraoorgang**	[sebra·oərχaŋ]
Kehre (f)	**draai**	[drāi]
Fußgängerzone (f)	**voetgangerstraat**	[futχaŋər·strāt]

MENSCHEN. LEBENSEREIGNISSE

Lebensereignisse

152. Feiertage. Ereignis

Fest (n)	partytjie	[partajki]
Nationalfeiertag (m)	nasionale dag	[naʃionalə daχ]
Feiertag (m)	openbare vakansiedag	[openbarə fakaŋsi·daχ]
feiern (vt)	herdenk	[herdenk]
Ereignis (n)	gebeurtenis	[χebøərtenis]
Veranstaltung (f)	gebeurtenis	[χebøərtenis]
Bankett (n)	banket	[banket]
Empfang (m)	onthaal	[onthāl]
Festmahl (n)	feesmaal	[feəs·māl]
Jahrestag (m)	verjaardag	[ferjār·daχ]
Jubiläumsfeier (f)	jubileum	[jubiløəm]
begehen (vt)	vier	[fir]
Neujahr (n)	Nuwejaar	[nuvejār]
Frohes Neues Jahr!	Voorspoedige Nuwejaar	[foərspudiχə nuvejār]
Weihnachtsmann (m)	Kersvader	[kers·fadər]
Weihnachten (n)	Kersfees	[kersfeəs]
Frohe Weihnachten!	Geseënde Kersfees	[χeseɛndə kersfeɛs]
Tannenbaum (m)	Kersboom	[kers·boəm]
Feuerwerk (n)	vuurwerk	[fɪrwerk]
Hochzeit (f)	bruilof	[brœilof]
Bräutigam (m)	bruidegom	[brœidəχom]
Braut (f)	bruid	[brœit]
einladen (vt)	uitnooi	[œitnoj]
Einladung (f)	uitnodiging	[œitnodəχiŋ]
Gast (m)	gas	[χas]
besuchen (vt)	besoek	[besuk]
Gäste empfangen	die gaste ontmoet	[di χastə ontmut]
Geschenk (n)	present	[present]
schenken (vt)	gee	[χeə]
Geschenke bekommen	presente ontvang	[presentə ontfaŋ]
Blumenstrauß (m)	boeket	[buket]
Glückwunsch (m)	gelukwense	[χelukwɛŋsə]
gratulieren (vi)	gelukwens	[χelukwɛŋs]
Glückwunschkarte (f)	geleentheidskaartjie	[χeleenthæjts·kārki]

Trinkspruch (m)	heildronk	[hæjldronk]
anbieten (vt)	aanbied	[ānbit]
Champagner (m)	sjampanje	[ʃampanjɛ]

sich amüsieren	jouself geniet	[jæʊsɛlf χenit]
Fröhlichkeit (f)	pret	[pret]
Freude (f)	vreugde	[frøəχdə]

| Tanz (m) | dans | [daŋs] |
| tanzen (vi, vt) | dans | [daŋs] |

| Walzer (m) | wals | [vals] |
| Tango (m) | tango | [tanχo] |

153. Bestattungen. Begräbnis

Friedhof (m)	begraafplaas	[beχrāf·plās]
Grab (n)	graf	[χraf]
Kreuz (n)	kruis	[krœis]
Grabstein (m)	grafsteen	[χrafsteən]
Zaun (m)	heining	[hæjniŋ]
Kapelle (f)	kapel	[kapəl]

Tod (m)	dood	[doət]
sterben (vi)	doodgaan	[doədχān]
Verstorbene (m)	oorledene	[oərledenə]
Trauer (f)	rou	[ræʊ]

begraben (vt)	begrawe	[beχravə]
Bestattungsinstitut (n)	begrafnisonderneming	[beχrafnis·ondərnemiŋ]
Begräbnis (n)	begrafnis	[beχrafnis]

Kranz (m)	krans	[kraŋs]
Sarg (m)	doodskis	[doədskis]
Katafalk (m)	lykswa	[lajks·wa]
Totenhemd (n)	lykkleed	[lajk·kleət]

Trauerzug (m)	begrafnisstoet	[beχrafnis·stut]
Urne (f)	urn	[urn]
Krematorium (n)	krematorium	[krematorium]

Nachruf (m)	doodsberig	[doəds·berəχ]
weinen (vi)	huil	[hœil]
schluchzen (vi)	snik	[snik]

154. Krieg. Soldaten

Zug (m)	peleton	[peleton]
Kompanie (f)	kompanie	[kompani]
Regiment (n)	regiment	[reχiment]
Armee (f)	leër	[leɛr]
Division (f)	divisie	[difisi]

| Abteilung (f) | afdeling | [afdeliŋ] |
| Heer (n) | leërskare | [leɛrskarə] |

| Soldat (m) | soldaat | [soldãt] |
| Offizier (m) | offisier | [offisir] |

Soldat (m)	soldaat	[soldãt]
Feldwebel (m)	sersant	[sersant]
Leutnant (m)	luitenant	[lœitənant]
Hauptmann (m)	kaptein	[kaptæjn]
Major (m)	majoor	[majoər]
Oberst (m)	kolonel	[kolonəl]
General (m)	generaal	[χenerãl]

Matrose (m)	matroos	[matroəs]
Kapitän (m)	kaptein	[kaptæjn]
Bootsmann (m)	bootsman	[boətsman]
Artillerist (m)	artilleris	[artilleris]
Fallschirmjäger (m)	valskermsoldaat	[falskerm·soldãt]
Pilot (m)	piloot	[piloət]
Steuermann (m)	navigator	[nafiχator]
Mechaniker (m)	werktuigkundige	[verktœiχ·kundiχə]

Pionier (m)	sappeur	[sappøər]
Fallschirmspringer (m)	valskermspringer	[falskerm·spriŋər]
Aufklärer (m)	verkenner	[ferkɛnnər]
Scharfschütze (m)	skerpskut	[skerp·skut]

Patrouille (f)	patrollie	[patrolli]
patrouillieren (vi)	patrolleer	[patrolleər]
Wache (f)	wag	[vaχ]
Krieger (m)	vegter	[feχtər]
Patriot (m)	patriot	[patriot]
Held (m)	held	[hɛlt]
Heldin (f)	heldin	[hɛldin]

| Verräter (m) | verraaier | [ferrãjer] |
| verraten (vt) | verraai | [ferrãi] |

| Deserteur (m) | droster | [drostər] |
| desertieren (vi) | dros | [dros] |

Söldner (m)	huursoldaat	[hɪr·soldãt]
Rekrut (m)	rekruteer	[rekruteər]
Freiwillige (m)	vrywilliger	[frajvilliχər]

Getoetete (m)	dooie	[doje]
Verwundete (m)	gewonde	[χevondə]
Kriegsgefangene (m)	krygsgevangene	[krajχs·χefaŋənə]

155. Krieg. Militärische Aktionen. Teil 1

| Krieg (m) | oorlog | [oərloχ] |
| Krieg führen | oorlog voer | [oərloχ fur] |

Bürgerkrieg (m)	burgeroorlog	[burgər·oərlɔχ]
heimtückisch (Adv)	valslik	[falslik]
Kriegserklärung (f)	oorlogsverklaring	[oərlɔχs·ferklariŋ]
erklären (den Krieg ~)	oorlog verklaar	[oərlɔχ ferklār]
Aggression (f)	aggressie	[aχrɛssi]
einfallen (Staat usw.)	aanval	[ānfal]

einfallen (in ein Land ~)	binneval	[binnəfal]
Invasoren (pl)	binnevaller	[binnəfallər]
Eroberer (m), Sieger (m)	veroweraar	[feroverār]

Verteidigung (f)	verdediging	[ferdedəχiŋ]
verteidigen (vt)	verdedig	[ferdedəχ]
sich verteidigen	jouself verdedig	[jæusɛlf ferdedəχ]

Feind (m)	vyand	[fajant]
Gegner (m)	teëstander	[teɛstandər]
Feind-	vyandig	[fajandəχ]

| Strategie (f) | strategie | [strateχi] |
| Taktik (f) | taktiek | [taktik] |

Befehl (m)	bevel	[befəl]
Anordnung (f)	bevel	[befəl]
befehlen (vt)	beveel	[befeəl]
Auftrag (m)	opdrag	[opdraχ]
geheim (Adj)	geheim	[χəhæjm]

Gefecht (n)	slag	[slaχ]
Schlacht (f)	veldslag	[fɛltslaχ]
Kampf (m)	geveg	[χefeχ]

Angriff (m)	aanval	[ānfal]
Sturm (m)	bestorming	[bestormiŋ]
stürmen (vt)	bestorm	[bestorm]
Belagerung (f)	beleg	[beleχ]

| Angriff (m) | aanval | [ānfal] |
| angreifen (vt) | tot die offensief oorgaan | [tot di offɛŋsif oərχān] |

| Rückzug (m) | terugtrekking | [teruχ·trɛkkiŋ] |
| sich zurückziehen | terugtrek | [teruχtrek] |

| Einkesselung (f) | omsingeling | [omsinχəliŋ] |
| einkesseln (vt) | omsingel | [omsiŋəl] |

Bombenangriff (m)	bombardement	[bombardement]
bombardieren (vt)	bombardeer	[bombardeər]
Explosion (f)	ontploffing	[ontploffiŋ]

| Schuss (m) | skoot | [skoət] |
| Schießerei (f) | skiet | [skit] |

zielen auf ...	mik op	[mik op]
richten (die Waffe)	rig	[riχ]
treffen (ins Schwarze ~)	tref	[tref]

versenken (vt)	sink	[sink]
Loch (im Schiffsrumpf)	gat	[χat]
versinken (Schiff)	sink	[sink]

Front (f)	front	[front]
Evakuierung (f)	evakuasie	[ɛfakuasi]
evakuieren (vt)	evakueer	[ɛfakueər]

Schützengraben (m)	loopgraaf	[loəpχrãf]
Stacheldraht (m)	doringdraad	[doriŋ·drãt]
Sperre (z.B. Panzersperre)	versperring	[fersperriŋ]
Wachtturm (m)	wagtoring	[vaχ·toriŋ]

Lazarett (n)	militêre hospitaal	[militærə hospitãl]
verwunden (vt)	wond	[vont]
Wunde (f)	wond	[vont]
Verwundete (m)	gewonde	[χevondə]
verletzt sein	gewond	[χevont]
schwer (-e Verletzung)	ernstig	[ɛrnstəχ]

156. Waffen

Waffe (f)	wapens	[vapɛns]
Schusswaffe (f)	vuurwapens	[fɪr·vapɛns]
blanke Waffe (f)	messe	[mɛssə]

chemischen Waffen (pl)	chemiese wapens	[χemisə vapɛns]
Kern-, Atom-	kern-	[kern-]
Kernwaffe (f)	kernwapens	[kern·vapɛns]

Bombe (f)	bom	[bom]
Atombombe (f)	atoombom	[atoəm·bom]

Pistole (f)	pistool	[pistoəl]
Gewehr (n)	geweer	[χeveər]
Maschinenpistole (f)	aanvalsgeweer	[ãnvals·χeveər]
Maschinengewehr (n)	masjiengeweer	[maʃin·χeveər]

Mündung (f)	loop	[loəp]
Lauf (Gewehr-)	loop	[loəp]
Kaliber (n)	kaliber	[kalibər]

Abzug (m)	sneller	[snɛllər]
Visier (n)	visier	[fisir]
Magazin (n)	magasyn	[maχasajn]
Kolben (m)	kolf	[kolf]

Handgranate (f)	handgranaat	[hand·χranãt]
Sprengstoff (m)	springstof	[spriŋstof]

Kugel (f)	koeël	[kuɛl]
Patrone (f)	patroon	[patroən]
Ladung (f)	lading	[ladiŋ]
Munition (f)	ammunisie	[ammunisi]

Bomber (m)	bomwerper	[bom·werpər]
Kampfflugzeug (n)	straalvegter	[strāl·feχtər]
Hubschrauber (m)	helikopter	[helikoptər]

Flugabwehrkanone (f)	lugafweer	[luχafweər]
Panzer (m)	tenk	[tɛnk]
Panzerkanone (f)	tenkkanon	[tɛnk·kanon]

Artillerie (f)	artillerie	[artilleri]
Kanone (f)	kanon	[kanon]
richten (die Waffe)	aanlê	[ānlɛ:]

Geschoß (n)	projektiel	[projektil]
Wurfgranate (f)	mortierbom	[mortir·bom]
Granatwerfer (m)	mortier	[mortir]
Splitter (m)	skrapnel	[skrapnəl]

U-Boot (n)	duikboot	[dœik·boət]
Torpedo (m)	torpedo	[torpedo]
Rakete (f)	vuurpyl	[fɪr·pajl]

laden (Gewehr)	laai	[lāi]
schießen (vi)	skiet	[skit]
zielen auf ...	rig op	[riχ op]
Bajonett (n)	bajonet	[bajonet]

Degen (m)	rapier	[rapir]
Säbel (m)	sabel	[sabəl]
Speer (m)	spies	[spis]
Bogen (m)	boog	[boəχ]
Pfeil (m)	pyl	[pajl]
Muskete (f)	musket	[musket]
Armbrust (f)	kruisboog	[krœis·boəχ]

157. Menschen der Antike

vorzeitlich	primitief	[primitif]
prähistorisch	prehistories	[prehistoris]
alt (antik)	antiek	[antik]

Steinzeit (f)	Steentydperk	[steən·tajtperk]
Bronzezeit (f)	Bronstydperk	[brɔŋs·tajtperk]
Eiszeit (f)	Ystydperk	[ajs·tajtperk]

Stamm (m)	stam	[stam]
Kannibale (m)	mensvreter	[mɛŋs·fretər]
Jäger (m)	jagter	[jaχtər]
jagen (vi)	jag	[jaχ]
Mammut (n)	mammoet	[mammut]

Höhle (f)	grot	[χrot]
Feuer (n)	vuur	[fɪr]
Lagerfeuer (n)	kampvuur	[kampfɪr]
Höhlenmalerei (f)	rotstekening	[rots·tekəniŋ]

Werkzeug (n)	werktuig	[verktœiχ]
Speer (m)	spies	[spis]
Steinbeil (n), Steinaxt (f)	klipbyl	[klip·bajl]
Krieg führen	oorlog voer	[oərloχ fur]
domestizieren (vt)	tem	[tem]

Idol (n)	afgod	[afχot]
anbeten (vt)	aanbid	[ãnbit]
Aberglaube (m)	bygeloof	[bajχəloəf]
Brauch (m), Ritus (m)	ritueel	[ritueəl]

Evolution (f)	evolusie	[ɛfolusi]
Entwicklung (f)	ontwikkeling	[ontwikkeliŋ]
Verschwinden (n)	verdwyning	[ferdwajniŋ]
sich anpassen	jou aanpas	[jæʊ ãnpas]

Archäologie (f)	argeologie	[arχeoloχi]
Archäologe (m)	argeoloog	[arχeoloəχ]
archäologisch	argeologies	[arχeoloχis]

Ausgrabungsstätte (f)	opgrawingsplek	[opχraviŋs·plek]
Ausgrabungen (pl)	opgrawingsplekke	[opχraviŋs·plɛkkə]
Fund (m)	vonds	[fonds]
Fragment (n)	fragment	[fraχment]

158. Mittelalter

Volk (n)	volk	[folk]
Völker (pl)	bevolking	[befolkiŋ]
Stamm (m)	stam	[stam]
Stämme (pl)	stamme	[stammə]

Barbaren (pl)	barbare	[barbarə]
Gallier (pl)	Galliërs	[χalliɛrs]
Goten (pl)	Gote	[χote]
Slawen (pl)	Slawe	[slavə]
Wikinger (pl)	Vikings	[vikiŋs]

| Römer (pl) | Romeine | [romæjnə] |
| römisch | Romeins | [romæjns] |

Byzantiner (pl)	Bisantyne	[bisantajnə]
Byzanz (n)	Bisantium	[bisantium]
byzantinisch	Bisantyns	[bisantajns]

Kaiser (m)	keiser	[kæjsər]
Häuptling (m)	leier	[læjer]
mächtig (Kaiser usw.)	magtig	[maχtəχ]
König (m)	koning	[koniŋ]
Herrscher (Monarch)	heerser	[heərsər]

Ritter (m)	ridder	[riddər]
Feudalherr (m)	feodale heerser	[feodalə heərsər]
feudal, Feudal-	feodaal	[feodāl]

Vasall (m)	vasal	[fasal]
Herzog (m)	hertog	[hertoχ]
Graf (m)	graaf	[χrãf]
Baron (m)	baron	[baron]
Bischof (m)	biskop	[biskop]

Rüstung (f)	harnas	[harnas]
Schild (m)	skild	[skilt]
Schwert (n)	swaard	[swãrt]
Visier (n)	visier	[fisir]
Panzerhemd (n)	maliehemp	[mali·hemp]

| Kreuzzug (m) | Kruistog | [krœis·toχ] |
| Kreuzritter (m) | kruisvaarder | [krœis·fãrdər] |

Territorium (n)	gebied	[χebit]
einfallen (vt)	aanval	[ãnfal]
erobern (vt)	verower	[ferovər]
besetzen (Land usw.)	beset	[beset]

Belagerung (f)	beleg	[beleχ]
belagert	beleërde	[beleɛrdə]
belagern (vt)	beleër	[beleɛr]

Inquisition (f)	inkwisisie	[inkvisisi]
Inquisitor (m)	inkwisiteur	[inkvisitøɛr]
Folter (f)	marteling	[martəliŋ]
grausam (-e Folter)	wreed	[vreət]
Häretiker (m)	ketter	[kɛttər]
Häresie (f)	kettery	[kɛtteraj]

Seefahrt (f)	seevaart	[seə·fãrt]
Seeräuber (m)	piraat, seerower	[pirãt], [seə·rovər]
Seeräuberei (f)	piratery, seerowery	[pirateraj], [seə·roveraj]
Enterung (f)	enter	[ɛntər]
Beute (f)	buit	[bœit]
Schätze (pl)	skatte	[skattə]

Entdeckung (f)	ontdekking	[ontdɛkkiŋ]
entdecken (vt)	ontdek	[ontdek]
Expedition (f)	ekspedisie	[ɛkspedisi]

Musketier (m)	musketier	[musketir]
Kardinal (m)	kardinaal	[kardinãl]
Heraldik (f)	heraldiek	[heraldik]
heraldisch	heraldies	[heraldis]

159. Führungspersonen. Chef. Behörden

König (m)	koning	[koniŋ]
Königin (f)	koningin	[koniŋin]
königlich	koninklik	[koninklik]
Königreich (n)	koninkryk	[koninkrajk]
Prinz (m)	prins	[prins]

Prinzessin (f)	prinses	[prinsəs]
Präsident (m)	president	[president]
Vizepräsident (m)	vise-president	[fise-president]
Senator (m)	senator	[senator]

Monarch (m)	monarg	[monarχ]
Herrscher (m)	heerser	[heərsər]
Diktator (m)	diktator	[diktator]
Tyrann (m)	tiran	[tiran]
Magnat (m)	magnaat	[maχnãt]

Direktor (m)	direkteur	[direktøər]
Chef (m)	baas	[bãs]
Leiter (einer Abteilung)	bestuurder	[bestɪrdər]
Boss (m)	baas	[bãs]
Eigentümer (m)	eienaar	[æjenãr]

Führer (m)	leier	[læjer]
Leiter (Delegations-)	hoof	[hoəf]
Behörden (pl)	outoriteite	[æʊtoritæjtə]
Vorgesetzten (pl)	hoofde	[hoəfdə]

Gouverneur (m)	goewerneur	[χuvernøər]
Konsul (m)	konsul	[kɔŋsul]
Diplomat (m)	diplomaat	[diplomãt]
Bürgermeister (m)	burgermeester	[burgər·meəstər]
Sheriff (m)	sheriff	[sheriff]

Kaiser (m)	keiser	[kæjsər]
Zar (m)	tsaar	[tsãr]
Pharao (m)	farao	[farao]
Khan (m)	kan	[kan]

160. Gesetzesverstoß Verbrecher. Teil 1

Bandit (m)	bandiet	[bandit]
Verbrechen (n)	misdaad	[misdãt]
Verbrecher (m)	misdadiger	[misdadiχər]

Dieb (m)	dief	[dif]
stehlen (vt)	steel	[steəl]
Diebstahl (Aktivität)	steel	[steəl]
Stehlen (n)	diefstal	[difstal]

kidnappen (vt)	ontvoer	[ontfur]
Kidnapping (n)	ontvoering	[ontfuriŋ]
Kidnapper (m)	ontvoerder	[ontfurdər]

| Lösegeld (n) | losgeld | [losχɛlt] |
| Lösegeld verlangen | losgeld eis | [losχɛlt æjs] |

rauben (vt)	besteel	[besteəl]
Raub (m)	oorval	[oərfal]
Räuber (m)	boef	[buf]

erpressen (vt)	afpers	[afpers]
Erpresser (m)	afperser	[afpersər]
Erpressung (f)	afpersing	[afpersiŋ]

morden (vt)	vermoor	[fermoər]
Mord (m)	moord	[moərt]
Mörder (m)	moordenaar	[moərdenār]

Schuss (m)	skoot	[skoət]
erschießen (vt)	doodskiet	[doədskit]
feuern (vi)	skiet	[skit]
Schießerei (f)	skietery	[skiteraj]

Vorfall (m)	insident	[insident]
Schlägerei (f)	geveg	[χefeχ]
Hilfe!	Help!	[hɛlp!]
Opfer (n)	slagoffer	[slaχoffər]

beschädigen (vt)	beskadig	[beskadəχ]
Schaden (m)	skade	[skadə]
Leiche (f)	lyk	[lajk]
schwer (-es Verbrechen)	ernstig	[ɛrnstəχ]

angreifen (vt)	aanval	[ānfal]
schlagen (vt)	slaan	[slān]
verprügeln (vt)	platslaan	[platslān]
wegnehmen (vt)	vat	[fat]
erstechen (vt)	doodsteek	[doədsteək]
verstümmeln (vt)	vermink	[fermink]
verwunden (vt)	wond	[vont]

Erpressung (f)	afpersing	[afpersiŋ]
erpressen (vt)	afpers	[afpers]
Erpresser (m)	afperser	[afpersər]

Schutzgelderpressung (f)	beskermingswendelary	[beskermiŋ·swendəlaraj]
Erpresser (Racketeer)	afperser	[afpersər]
Gangster (m)	boef	[buf]
Mafia (f)	mafia	[mafia]

Taschendieb (m)	sakkeroller	[sakkerollər]
Einbrecher (m)	inbreker	[inbrekər]
Schmuggel (m)	smokkel	[smokkəl]
Schmuggler (m)	smokkelaar	[smokkəlār]

Fälschung (f)	vervalsing	[ferfalsiŋ]
fälschen (vt)	verval	[ferfal]
gefälscht	vals	[fals]

161. Gesetzesbruch. Verbrecher. Teil 2

Vergewaltigung (f)	verkragting	[ferkraχtiŋ]
vergewaltigen (vt)	verkrag	[ferkraχ]
Gewalttäter (m)	verkragter	[ferkraχtər]

Besessene (m)	maniak	[maniak]
Prostituierte (f)	prostituut	[prostitʏt]
Prostitution (f)	prostitusie	[prostitusi]
Zuhälter (m)	pooier	[pojer]

Drogenabhängiger (m)	dwelmslaaf	[dwɛlm·slāf]
Drogenhändler (m)	dwelmhandelaar	[dwɛlm·handəlār]

sprengen (vt)	opblaas	[opblās]
Explosion (f)	ontploffing	[ontploffiŋ]

in Brand stecken	aan die brand steek	[ān di brant steək]
Brandstifter (m)	brandstigter	[brant·stiχtər]

Terrorismus (m)	terrorisme	[terrorismə]
Terrorist (m)	terroris	[terroris]
Geisel (m, f)	gyselaar	[χajsəlār]

betrügen (vt)	bedrieg	[bedrəχ]
Betrug (m)	bedrog	[bedroχ]
Betrüger (m)	bedrieër	[bedriɛr]

bestechen (vt)	omkoop	[omkoəp]
Bestechlichkeit (f)	omkopery	[omkoperaj]
Bestechungsgeld (n)	omkoopgeld	[omkoəp·χɛlt]

Gift (n)	gif	[χif]
vergiften (vt)	vergiftig	[ferχiftəχ]
sich vergiften	jouself vergiftig	[jæʊsɛlf ferχiftəχ]

Selbstmord (m)	selfmoord	[sɛlfmoərt]
Selbstmörder (m)	selfmoordenaar	[sɛlfmoərdenār]

drohen (vi)	dreig	[dræjχ]
Drohung (f)	dreigement	[dræjχement]
Attentat (n)	aanslag	[āŋslaχ]

stehlen (Auto ~)	steel	[steəl]
entführen (Flugzeug ~)	kaap	[kāp]

Rache (f)	wraak	[vrāk]
sich rächen	wreek	[vreək]

foltern (vt)	martel	[martəl]
Folter (f)	marteling	[martəliŋ]
quälen (vt)	folter	[foltər]

Seeräuber (m)	piraat, seerower	[pirāt], [seə·rovər]
Rowdy (m)	skollie	[skolli]
bewaffnet	gewapen	[χevapen]

Gewalt (f)	geweld	[χevɛlt]
ungesetzlich	onwettig	[onwɛttəχ]

Spionage (f)	spioenasie	[spiunasi]
spionieren (vi)	spioeneer	[spiuneər]

162. Polizei Recht. Teil 1

| Justiz (f) | justisie | [jəstisi] |
| Gericht (n) | geregshof | [χereχshof] |

Richter (m)	regter	[reχtər]
Geschworenen (pl)	jurielede	[juriledə]
Geschworenengericht (n)	jurieregspraak	[juri·reχsprāk]
richten (vt)	bereg	[bereχ]

Rechtsanwalt (m)	advokaat	[adfokāt]
Angeklagte (m)	beklaagde	[beklāχdə]
Anklagebank (f)	beklaagdebank	[beklāχdə·bank]

| Anklage (f) | aanklag | [ānklaχ] |
| Beschuldigte (m) | beskuldigde | [beskuldiχdə] |

| Urteil (n) | vonnis | [fonnis] |
| verurteilen (vt) | veroordeel | [feroərdeəl] |

Schuldige (m)	skuldig	[skuldəχ]
bestrafen (vt)	straf	[straf]
Strafe (f)	straf	[straf]

Geldstrafe (f)	boete	[butə]
lebenslange Haft (f)	lewenslange gevangenisstraf	[levɛŋslaŋə χefaŋənis·straf]
Todesstrafe (f)	doodstraf	[doədstraf]
elektrischer Stuhl (m)	elektriese stoel	[ɛlektrisə stul]
Galgen (m)	galg	[χalχ]

| hinrichten (vt) | eksekuteer | [ɛksekuteər] |
| Hinrichtung (f) | eksekusie | [ɛksekusi] |

| Gefängnis (n) | tronk | [tronk] |
| Zelle (f) | sel | [səl] |

Eskorte (f)	eskort	[ɛskort]
Gefängniswärter (m)	tronkbewaarder	[tronk·bevārdər]
Gefangene (m)	gevangene	[χefaŋənə]

| Handschellen (pl) | handboeie | [hant·buje] |
| Handschellen anlegen | in die boeie slaan | [in di buje slān] |

Ausbruch (Flucht)	ontsnapping	[ontsnappiŋ]
ausbrechen (vi)	ontsnap	[ontsnap]
verschwinden (vi)	verdwyn	[ferdwajn]
aus ... entlassen	vrylaat	[frajlāt]
Amnestie (f)	amnestie	[amnesti]

Polizei (f)	polisie	[polisi]
Polizist (m)	polisieman	[polisi·man]
Polizeiwache (f)	polisiestasie	[polisi·stasi]
Gummiknüppel (m)	knuppel	[knuppəl]
Sprachrohr (n)	megafoon	[meχafoən]

Streifenwagen (m)	patrolliemotor	[patrolli·motor]
Sirene (f)	sirene	[sirenə]
die Sirene einschalten	die sirene aanskakel	[di sirenə āŋskakəl]
Sirenengeheul (n)	sirenegeloei	[sirenə·χelui]

Tatort (m)	misdaadtoneel	[misdād·toneəl]
Zeuge (m)	getuie	[χetœiə]
Freiheit (f)	vryheid	[frajhæjt]
Komplize (m)	medepligtige	[medə·pliχtiχə]
verschwinden (vi)	ontvlug	[ontfluχ]
Spur (f)	spoor	[spoər]

163. Polizei. Recht. Teil 2

Fahndung (f)	soektog	[suktoχ]
suchen (vt)	soek ...	[suk ...]
Verdacht (m)	verdenking	[ferdɛnkiŋ]
verdächtig (Adj)	verdag	[ferdaχ]
anhalten (Polizei)	teëhou	[teɛhæʊ]
verhaften (vt)	aanhou	[ānhæʊ]

Fall (m), Klage (f)	hofsaak	[hofsāk]
Untersuchung (f)	ondersoek	[ondərsuk]
Detektiv (m)	speurder	[spøərdər]
Ermittlungsrichter (m)	speurder	[spøərdər]
Version (f)	hipotese	[hipotesə]

Motiv (n)	motief	[motif]
Verhör (n)	ondervraging	[ondərfraχiŋ]
verhören (vt)	ondervra	[ondərfra]
vernehmen (vt)	verhoor	[ferhoər]
Kontrolle (Personen-)	kontroleer	[kontroleər]

Razzia (f)	klopjag	[klopjaχ]
Durchsuchung (f)	huissoeking	[hœis·sukiŋ]
Verfolgung (f)	agtervolging	[aχtərfolχiŋ]
nachjagen (vi)	agtervolg	[aχtərfolχ]
verfolgen (vt)	opspoor	[opspoər]

Verhaftung (f)	inhegtenisneming	[inheχtenis·nemiŋ]
verhaften (vt)	arresteer	[arresteər]
fangen (vt)	vang	[faŋ]
Festnahme (f)	opsporing	[opsporiŋ]

Dokument (n)	dokument	[dokument]
Beweis (m)	bewys	[bevajs]
beweisen (vt)	bewys	[bevajs]
Fußspur (f)	voetspoor	[futspoər]
Fingerabdrücke (pl)	vingerafdrukke	[fiŋər·afdrukkə]
Beweisstück (n)	bewysstuk	[bevajs·stuk]

Alibi (n)	alibi	[alibi]
unschuldig	onskuldig	[ɔŋskuldəχ]
Ungerechtigkeit (f)	onreg	[onreχ]

ungerecht	**onregverdig**	[onrɛχferdəχ]
Kriminal-	**krimineel**	[krimineəl]
beschlagnahmen (vt)	**in beslag neem**	[in beslaχ neəm]
Droge (f)	**dwelm**	[dwɛlm]
Waffe (f)	**wapen**	[vapen]
entwaffnen (vt)	**ontwapen**	[ontvapen]
befehlen (vt)	**beveel**	[befeəl]
verschwinden (vi)	**verdwyn**	[ferdwajn]
Gesetz (n)	**wet**	[vet]
gesetzlich	**wettig**	[vɛttəχ]
ungesetzlich	**onwettig**	[onwɛttəχ]
Verantwortlichkeit (f)	**verantwoordelikheid**	[ferant·voərdelikhæjt]
verantwortlich	**verantwoordelik**	[ferant·voərdelik]

NATUR

Die Erde. Teil 1

164. Weltall

Kosmos (m)	kosmos	[kosmos]
kosmisch, Raum-	kosmies	[kosmis]
Weltraum (m)	buitenste ruimte	[bœitɛŋstə rajmtə]
All (n)	wêreld	[værɛlt]
Universum (n)	heelal	[heəlal]
Galaxie (f)	sterrestelsel	[sterrə·stɛlsəl]
Stern (m)	ster	[ster]
Gestirn (n)	sterrebeeld	[sterrə·beəlt]
Planet (m)	planeet	[planeət]
Satellit (m)	satelliet	[satɛllit]
Meteorit (m)	meteoriet	[meteorit]
Komet (m)	komeet	[komeət]
Asteroid (m)	asteroïed	[asteroïət]
Umlaufbahn (f)	baan	[bān]
sich drehen	draai	[drāi]
Atmosphäre (f)	atmosfeer	[atmosfeər]
Sonne (f)	die Son	[di son]
Sonnensystem (n)	sonnestelsel	[sonnə·stɛlsəl]
Sonnenfinsternis (f)	sonsverduistering	[soŋs·ferdœisteriŋ]
Erde (f)	die Aarde	[di ārdə]
Mond (m)	die Maan	[di mān]
Mars (m)	Mars	[mars]
Venus (f)	Venus	[fenus]
Jupiter (m)	Jupiter	[jupitər]
Saturn (m)	Saturnus	[saturnus]
Merkur (m)	Mercurius	[merkurius]
Uran (m)	Uranus	[uranus]
Neptun (m)	Neptunus	[neptunus]
Pluto (m)	Pluto	[pluto]
Milchstraße (f)	Melkweg	[melk·weχ]
Der Große Bär	Groot Beer	[χroət beər]
Polarstern (m)	Poolster	[poəl·stər]
Marsbewohner (m)	marsbewoner	[mars·bevonər]
Außerirdischer (m)	buiteaardse wese	[bœitə·ārdsə vesə]

außerirdisches Wesen (n)	ruimtewese	[rœimtə·vesə]
fliegende Untertasse (f)	vlieënde skottel	[fliɛndə skottəl]

Raumschiff (n)	ruimteskip	[rœimtə·skip]
Raumstation (f)	ruimtestasie	[rœimtə·stasi]
Raketenstart (m)	vertrek	[fertrek]

Triebwerk (n)	enjin	[ɛndʒin]
Düse (f)	uitlaatpyp	[œitlät·pajp]
Treibstoff (m)	brandstof	[brantstof]

Kabine (f)	stuurkajuit	[stɪr·kajœit]
Antenne (f)	lugdraad	[luχdrät]
Bullauge (n)	patryspoort	[patrajs·poərt]
Sonnenbatterie (f)	sonpaneel	[son·paneəl]
Raumanzug (m)	ruimtepak	[rœimtə·pak]

Schwerelosigkeit (f)	gewigloosheid	[χeviχloəshæjt]
Sauerstoff (m)	suurstof	[sɪrstof]

Ankopplung (f)	koppeling	[koppeliŋ]
koppeln (vi)	koppel	[koppəl]

Observatorium (n)	observatorium	[observatorium]
Teleskop (n)	teleskoop	[teleskoəp]
beobachten (vt)	waarneem	[värneəm]
erforschen (vt)	eksploreer	[ɛksploreər]

165. Die Erde

Erde (f)	die Aarde	[di ärdə]
Erdkugel (f)	die aardbol	[di ärdbol]
Planet (m)	planeet	[planeət]

Atmosphäre (f)	atmosfeer	[atmosfeər]
Geographie (f)	geografie	[χeoχrafi]
Natur (f)	natuur	[natɪr]

Globus (m)	aardbol	[ärd·bol]
Landkarte (f)	kaart	[kärt]
Atlas (m)	atlas	[atlas]

Europa (n)	Europa	[øəropa]
Asien (n)	Asië	[asiɛ]

Afrika (n)	Afrika	[afrika]
Australien (n)	Australië	[ɔustraliɛ]

Amerika (n)	Amerika	[amerika]
Nordamerika (n)	Noord-Amerika	[noərd-amerika]
Südamerika (n)	Suid-Amerika	[sœid-amerika]

Antarktis (f)	Suidpool	[sœid·poəl]
Arktis (f)	Noordpool	[noərd·poəl]

166. Himmelsrichtungen

Norden (m)	noorde	[noərdə]
nach Norden	na die noorde	[na di noərdə]
im Norden	in die noorde	[in di noərdə]
nördlich	noordelik	[noərdəlik]

Süden (m)	suide	[sœidə]
nach Süden	na die suide	[na di sœidə]
im Süden	in die suide	[in di sœidə]
südlich	suidelik	[sœidəlik]

Westen (m)	weste	[vestə]
nach Westen	na die weste	[na di vestə]
im Westen	in die weste	[in di vestə]
westlich, West-	westelik	[vestelik]

Osten (m)	ooste	[oəstə]
nach Osten	na die ooste	[na di oəstə]
im Osten	in die ooste	[in di oəstə]
östlich	oostelik	[oəstəlik]

167. Meer. Ozean

Meer (n), See (f)	see	[seə]
Ozean (m)	oseaan	[oseãn]
Golf (m)	golf	[χolf]
Meerenge (f)	straat	[strãt]

| Festland (n) | land | [lant] |
| Kontinent (m) | kontinent | [kontinent] |

Insel (f)	eiland	[æjlant]
Halbinsel (f)	skiereiland	[skir·æjlant]
Archipel (m)	argipel	[arχipəl]

Bucht (f)	baai	[bãi]
Hafen (m)	hawe	[havə]
Lagune (f)	strandmeer	[strand·meər]
Kap (n)	kaap	[kãp]

Atoll (n)	atol	[atol]
Riff (n)	rif	[rif]
Koralle (f)	koraal	[korãl]
Korallenriff (n)	koraalrif	[korãl·rif]

tief (Adj)	diep	[dip]
Tiefe (f)	diepte	[diptə]
Abgrund (m)	afgrond	[afχront]
Graben (m)	trog	[troχ]

| Strom (m) | stroming | [stromiŋ] |
| umspülen (vt) | omring | [omriŋ] |

| Ufer (n) | oewer | [uvər] |
| Küste (f) | kus | [kus] |

Flut (f)	hoogwater	[hoəχ·vatər]
Ebbe (f)	laagwater	[lāχ·vatər]
Sandbank (f)	sandbank	[sand·bank]
Boden (m)	bodem	[bodem]

Welle (f)	golf	[χolf]
Wellenkamm (m)	kruin	[krœin]
Schaum (m)	skuim	[skœim]

Sturm (m)	storm	[storm]
Orkan (m)	orkaan	[orkān]
Tsunami (m)	tsunami	[tsunami]
Windstille (f)	windstilte	[vindstiltə]
ruhig	kalm	[kalm]

| Pol (m) | pool | [poəl] |
| Polar- | polêr | [polær] |

Breite (f)	breedtegraad	[breədtə·χrāt]
Länge (f)	lengtegraad	[leŋtə·χrāt]
Breitenkreis (m)	parallel	[paralləl]
Äquator (m)	ewenaar	[ɛvenār]

Himmel (m)	hemel	[heməl]
Horizont (m)	horison	[horison]
Luft (f)	lug	[luχ]

Leuchtturm (m)	vuurtoring	[fɪrtoriŋ]
tauchen (vi)	duik	[dœik]
versinken (vi)	sink	[sink]
Schätze (pl)	skatte	[skattə]

168. Berge

Berg (m)	berg	[berχ]
Gebirgskette (f)	bergreeks	[berχ·reəks]
Bergrücken (m)	bergrug	[berχ·ruχ]

Gipfel (m)	top	[top]
Spitze (f)	piek	[pik]
Bergfuß (m)	voet	[fut]
Abhang (m)	helling	[hɛlliŋ]

Vulkan (m)	vulkaan	[fulkān]
tätiger Vulkan (m)	aktiewe vulkaan	[aktivə fulkān]
schlafender Vulkan (m)	rustende vulkaan	[rustendə fulkān]

Ausbruch (m)	uitbarsting	[œitbarstiŋ]
Krater (m)	krater	[kratər]
Magma (n)	magma	[maχma]
Lava (f)	lawa	[lava]

glühend heiß (-e Lava)	gloeiende	[χlujəndə]
Cañon (m)	diepkloof	[dip·kloəf]
Schlucht (f)	kloof	[kloəf]
Spalte (f)	skeur	[skøər]
Abgrund (m) (steiler ~)	afgrond	[afχront]

Gebirgspass (m)	bergpas	[berχ·pas]
Plateau (n)	plato	[plato]
Fels (m)	krans	[kraŋs]
Hügel (m)	kop	[kop]

Gletscher (m)	gletser	[χletsər]
Wasserfall (m)	waterval	[vatər·fal]
Geiser (m)	geiser	[χæjsər]
See (m)	meer	[meər]

Ebene (f)	vlakte	[flaktə]
Landschaft (f)	landskap	[landskap]
Echo (n)	eggo	[εχχo]

Bergsteiger (m)	alpinis	[alpinis]
Kletterer (m)	bergklimmer	[berχ·klimmər]
bezwingen (vt)	baasraak	[bāsrāk]
Aufstieg (m)	beklimming	[beklimmiŋ]

169. Flüsse

Fluss (m)	rivier	[rifir]
Quelle (f)	bron	[bron]
Flussbett (n)	rivierbed	[rifir·bet]
Stromgebiet (n)	stroomgebied	[stroəm·χebit]
einmünden in ...	uitmond in ...	[œitmont in ...]

| Nebenfluss (m) | syrivier | [saj·rifir] |
| Ufer (n) | oewer | [uvər] |

Strom (m)	stroming	[stromiŋ]
stromabwärts	stroomafwaarts	[stroəm·afvārts]
stromaufwärts	stroomopwaarts	[stroəm·opvārts]

Überschwemmung (f)	oorstroming	[oərstromiŋ]
Hochwasser (n)	oorstroming	[oərstromiŋ]
aus den Ufern treten	oor sy walle loop	[oər saj vallə loəp]
überfluten (vt)	oorstroom	[oərstroəm]

| Sandbank (f) | sandbank | [sand·bank] |
| Stromschnelle (f) | stroomversnellings | [stroəm·fersnεlliŋs] |

Damm (m)	damwal	[dam·wal]
Kanal (m)	kanaal	[kanāl]
Stausee (m)	opgaardam	[opχār·dam]
Schleuse (f)	sluis	[slœis]
Gewässer (n)	dam	[dam]
Sumpf (m), Moor (n)	moeras	[muras]

Marsch (f)	**vlei**	[flæj]
Strudel (m)	**draaikolk**	[drāj·kolk]

Bach (m)	**spruit**	[sprœit]
Trink- (z.B. Trinkwasser)	**drink-**	[drink-]
Süß- (Wasser)	**vars**	[fars]

Eis (n)	**ys**	[ajs]
zufrieren (vi)	**bevries**	[befris]

170. Wald

Wald (m)	**bos**	[bos]
Wald-	**bos-**	[bos-]

Dickicht (n)	**woud**	[væʊt]
Gehölz (n)	**boord**	[boərt]
Lichtung (f)	**oopte**	[oəptə]

Dickicht (n)	**struikgewas**	[strœik·χevas]
Gebüsch (n)	**struikveld**	[strœik·fɛlt]

Fußweg (m)	**paadjie**	[pādʒi]
Erosionsrinne (f)	**donga**	[donχa]

Baum (m)	**boom**	[boəm]
Blatt (n)	**blaar**	[blār]
Laub (n)	**blare**	[blarə]

Laubfall (m)	**val van die blare**	[fal fan di blarə]
fallen (Blätter)	**val**	[fal]
Wipfel (m)	**boomtop**	[boəm·top]

Zweig (m)	**tak**	[tak]
Ast (m)	**tak**	[tak]
Knospe (f)	**knop**	[knop]
Nadel (f)	**naald**	[nālt]
Zapfen (m)	**dennebol**	[dɛnnə·bol]

Höhlung (f)	**holte**	[holtə]
Nest (n)	**nes**	[nes]
Höhle (f)	**gat**	[χat]

Stamm (m)	**stam**	[stam]
Wurzel (f)	**wortel**	[vortəl]
Rinde (f)	**bas**	[bas]
Moos (n)	**mos**	[mos]

entwurzeln (vt)	**ontwortel**	[ontwortəl]
fällen (vt)	**omkap**	[omkap]
abholzen (vt)	**ontbos**	[ontbos]
Baumstumpf (m)	**boomstomp**	[boəm·stomp]
Lagerfeuer (n)	**kampvuur**	[kampfɪr]
Waldbrand (m)	**bosbrand**	[bos·brant]

löschen (vt)	blus	[blus]
Förster (m)	boswagter	[bos·waχtər]
Schutz (m)	beskerming	[beskermiŋ]
beschützen (vt)	beskerm	[beskerm]
Wilddieb (m)	wildstroper	[vilt·stropər]
Falle (f)	slagyster	[slaχ·ajstər]

sammeln (Pilze ~)	pluk	[pluk]
pflücken (Beeren ~)	pluk	[pluk]
sich verirren	verdwaal	[ferdwāl]

171. natürliche Lebensgrundlagen

Naturressourcen (pl)	natuurlike bronne	[natɪrlikə bronnə]
Bodenschätze (pl)	minerale	[mineralə]
Vorkommen (n)	lae	[laə]
Feld (Ölfeld usw.)	veld	[fɛlt]

gewinnen (vt)	myn	[majn]
Gewinnung (f)	myn	[majn]
Erz (n)	erts	[ɛrts]
Bergwerk (n)	myn	[majn]
Schacht (m)	mynskag	[majn·skaχ]
Bergarbeiter (m)	mynwerker	[majn·werkər]

Erdgas (n)	gas	[χas]
Gasleitung (f)	gaspyp	[χas·pajp]

Erdöl (n)	olie	[oli]
Erdölleitung (f)	oliepypleiding	[oli·pajp·læjdiŋ]
Ölquelle (f)	oliebron	[oli·bron]
Bohrturm (m)	boortoring	[boər·toriŋ]
Tanker (m)	tenkskip	[tɛnk·skip]

Sand (m)	sand	[sant]
Kalkstein (m)	kalksteen	[kalksteən]
Kies (m)	gruis	[χrœis]
Torf (m)	veengrond	[feənχront]
Ton (m)	klei	[klæj]
Kohle (f)	steenkool	[steən·koəl]

Eisen (n)	yster	[ajstər]
Gold (n)	goud	[χæʊt]
Silber (n)	silwer	[silwər]
Nickel (n)	nikkel	[nikkəl]
Kupfer (n)	koper	[kopər]

Zink (n)	sink	[sink]
Mangan (n)	mangaan	[manχān]
Quecksilber (n)	kwik	[kwik]
Blei (n)	lood	[loət]

Mineral (n)	mineraal	[minerāl]
Kristall (m)	kristal	[kristal]

| Marmor (m) | **marmer** | [marmər] |
| Uran (n) | **uraan** | [urān] |

Die Erde. Teil 2

172. Wetter

Deutsch	Afrikaans	Aussprache
Wetter (n)	weer	[veər]
Wetterbericht (m)	weersvoorspelling	[veərs·foərspɛlliŋ]
Temperatur (f)	temperatuur	[temperatɪr]
Thermometer (n)	termometer	[termometər]
Barometer (n)	barometer	[barometər]
feucht	klam	[klam]
Feuchtigkeit (f)	vogtigheid	[foχtiχæjt]
Hitze (f)	hitte	[hittə]
glutheiß	heet	[heət]
ist heiß	dis vrekwarm	[dis frekvarm]
ist warm	dit is warm	[dit is varm]
warm (Adj)	louwarm	[læʊvarm]
ist kalt	dis koud	[dis kæʊt]
kalt (Adj)	koud	[kæʊt]
Sonne (f)	son	[son]
scheinen (vi)	skyn	[skajn]
sonnig (Adj)	sonnig	[sonnəχ]
aufgehen (vi)	opkom	[opkom]
untergehen (vi)	ondergaan	[ondərχān]
Wolke (f)	wolk	[volk]
bewölkt, wolkig	bewolk	[bevolk]
Regenwolke (f)	reênwolk	[reɛn·wolk]
trüb (-er Tag)	somber	[sombər]
Regen (m)	reên	[reɛn]
Es regnet	dit reên	[dit reɛn]
regnerisch (-er Tag)	reênerig	[reɛnerəχ]
nieseln (vi)	motreên	[motreɛn]
strömender Regen (m)	stortbui	[stortbœi]
Regenschauer (m)	reênvlaag	[reɛn·flāχ]
stark (-er Regen)	swaar	[swār]
Pfütze (f)	poeletjie	[puləki]
nass werden (vi)	nat word	[nat vort]
Nebel (m)	mis	[mis]
neblig (-er Tag)	mistig	[mistəχ]
Schnee (m)	sneeu	[sniʊ]
Es schneit	dit sneeu	[dit sniʊ]

173. Unwetter Naturkatastrophen

Gewitter (n)	donderstorm	[dondər·storm]
Blitz (m)	weerlig	[veərləχ]
blitzen (vi)	flits	[flits]
Donner (m)	donder	[dondər]
donnern (vi)	donder	[dondər]
Es donnert	dit donder	[dit dondər]
Hagel (m)	hael	[haəl]
Es hagelt	dit hael	[dit haəl]
überfluten (vt)	oorstroom	[oərstroəm]
Überschwemmung (f)	oorstroming	[oərstromiŋ]
Erdbeben (n)	aardbewing	[ārd·beviŋ]
Erschütterung (f)	aardskok	[ārd·skok]
Epizentrum (n)	episentrum	[ɛpisentrum]
Ausbruch (m)	uitbarsting	[œitbarstiŋ]
Lava (f)	lawa	[lava]
Wirbelsturm (m)	tornado	[tornado]
Tornado (m)	tornado	[tornado]
Taifun (m)	tifoon	[tifoən]
Orkan (m)	orkaan	[orkān]
Sturm (m)	storm	[storm]
Tsunami (m)	tsunami	[tsunami]
Zyklon (m)	sikloon	[sikloən]
Unwetter (n)	slegte weer	[sleχtə veər]
Brand (m)	brand	[brant]
Katastrophe (f)	ramp	[ramp]
Meteorit (m)	meteoriet	[meteorit]
Lawine (f)	lawine	[lavinə]
Schneelawine (f)	sneeulawine	[sniʊ·lavinə]
Schneegestöber (n)	sneeustorm	[sniʊ·storm]
Schneesturm (m)	sneeustorm	[sniʊ·storm]

Fauna

174. Säugetiere. Raubtiere

Raubtier (n)	roofdier	[roəf·dir]
Tiger (m)	tier	[tir]
Löwe (m)	leeu	[liʊ]
Wolf (m)	wolf	[volf]
Fuchs (m)	vos	[fos]
Jaguar (m)	jaguar	[jaχuar]
Leopard (m)	luiperd	[lœipert]
Gepard (m)	jagluiperd	[jaχ·lœipert]
Panther (m)	swart luiperd	[swart lœipert]
Puma (m)	poema	[puma]
Schneeleopard (m)	sneeuluiperd	[sniʊ·lœipert]
Luchs (m)	los	[los]
Kojote (m)	prêriewolf	[præri·volf]
Schakal (m)	jakkals	[jakkals]
Hyäne (f)	hiëna	[hiɛna]

175. Tiere in freier Wildbahn

Tier (n)	dier	[dir]
Bestie (f)	beest	[beəst]
Eichhörnchen (n)	eekhoring	[eəkhoriŋ]
Igel (m)	krimpvarkie	[krimpfarki]
Hase (m)	hasie	[hasi]
Kaninchen (n)	konyn	[konajn]
Dachs (m)	das	[das]
Waschbär (m)	wasbeer	[vasbeər]
Hamster (m)	hamster	[hamstər]
Murmeltier (n)	marmot	[marmot]
Maulwurf (m)	mol	[mol]
Maus (f)	muis	[mœis]
Ratte (f)	rot	[rot]
Fledermaus (f)	vlermuis	[fler·mœis]
Hermelin (n)	hermelyn	[hermelajn]
Zobel (m)	sabel, sabeldier	[sabel], [sabel·dir]
Marder (m)	marter	[martər]
Wiesel (n)	wesel	[vesel]
Nerz (m)	nerts	[nerts]

| Biber (m) | bewer | [bevər] |
| Fischotter (m) | otter | [ottər] |

Pferd (n)	perd	[pert]
Elch (m)	eland	[ɛlant]
Hirsch (m)	hert	[hert]
Kamel (n)	kameel	[kameəl]

Bison (m)	bison	[bison]
Wisent (m)	wisent	[visent]
Büffel (m)	buffel	[buffəl]

Zebra (n)	sebra, kwagga	[sebra], [kwaχχa]
Antilope (f)	wildsbok	[vilds·bok]
Reh (n)	reebok	[reebok]
Damhirsch (m)	damhert	[damhert]
Gämse (f)	gems	[χems]
Wildschwein (n)	wildevark	[vildə·fark]

Wal (m)	walvis	[valfis]
Seehund (m)	seehond	[see·hont]
Walroß (n)	walrus	[valrus]
Seebär (m)	seebeer	[see·beər]
Delfin (m)	dolfyn	[dolfajn]

Bär (m)	beer	[beər]
Eisbär (m)	ysbeer	[ajs·beər]
Panda (m)	panda	[panda]

Affe (m)	aap	[ãp]
Schimpanse (m)	sjimpansee	[ʃimpaŋseə]
Orang-Utan (m)	orangoetang	[oranχutaŋ]
Gorilla (m)	gorilla	[χorilla]
Makak (m)	makaak	[makãk]
Gibbon (m)	gibbon	[χibbon]

Elefant (m)	olifant	[olifant]
Nashorn (n)	renoster	[renostər]
Giraffe (f)	kameelperd	[kameəl·pert]
Flusspferd (n)	seekoei	[see·kui]

| Känguru (n) | kangaroe | [kanχaru] |
| Koala (m) | koala | [koala] |

Manguste (f)	muishond	[mœis·hont]
Chinchilla (n)	chinchilla, tjintjilla	[tʃin·tʃila]
Stinktier (n)	stinkmuishond	[stinkmœis·hont]
Stachelschwein (n)	ystervark	[ajstər·fark]

176. Haustiere

Katze (f)	kat	[kat]
Kater (m)	kater	[katər]
Hund (m)	hond	[hont]

Pferd (n)	perd	[pert]
Hengst (m)	hings	[hiŋs]
Stute (f)	merrie	[merri]

Kuh (f)	koei	[kui]
Stier (m)	bul	[bul]
Ochse (m)	os	[os]

Schaf (n)	skaap	[skāp]
Widder (m)	ram	[ram]
Ziege (f)	bok	[bok]
Ziegenbock (m)	bokram	[bok·ram]

| Esel (m) | donkie, esel | [donki], [eisəl] |
| Maultier (n) | muil | [mœil] |

Schwein (n)	vark	[fark]
Ferkel (n)	varkie	[farki]
Kaninchen (n)	konyn	[konajn]

| Huhn (n) | hoender, hen | [hundər], [hen] |
| Hahn (m) | haan | [hān] |

Ente (f)	eend	[eent]
Enterich (m)	mannetjieseend	[mannəkis·eent]
Gans (f)	gans	[χaŋs]

| Puter (m) | kalkoenmannetjie | [kalkun·mannəki] |
| Pute (f) | kalkoen | [kalkun] |

Haustiere (pl)	huisdiere	[hœis·dirə]
zahm	mak	[mak]
zähmen (vt)	mak maak	[mak māk]
züchten (vt)	teel	[teəl]

Farm (f)	plaas	[plās]
Geflügel (n)	pluimvee	[plœimfeə]
Vieh (n)	beeste	[beəstə]
Herde (f)	kudde	[kuddə]

Pferdestall (m)	stal	[stal]
Schweinestall (m)	varkstal	[fark·stal]
Kuhstall (m)	koeistal	[kui·stal]
Kaninchenstall (m)	konynehok	[konajnə·hok]
Hühnerstall (m)	hoenderhok	[hundər·hok]

177. Hunde. Hunderassen

Hund (m)	hond	[hont]
Schäferhund (m)	herdershond	[herdərs·hont]
Deutsche Schäferhund (m)	Duitse herdershond	[dœitsə herdərs·hont]
Pudel (m)	poedel	[pudəl]
Dachshund (m)	worshond	[vors·hont]
Bulldogge (f)	bulhond	[bul·hont]

Boxer (m)	bokser	[boksər]
Mastiff (m)	mastiff	[mastif]
Rottweiler (m)	Rottweiler	[rottwæejlər]
Dobermann (m)	Dobermann	[dobermann]

Basset (m)	basset	[basset]
Bobtail (m)	bobtail	[bobtajl]
Dalmatiner (m)	Dalmatiese hond	[dalmatisə hont]
Cocker-Spaniel (m)	sniphond	[snip·hont]

| Neufundländer (m) | Newfoundlander | [njufæʊntlandər] |
| Bernhardiner (m) | Sint Bernard | [sint bernart] |

Eskimohund (m)	poolhond, husky	[pulhont], [huski]
Chow-Chow (m)	chowchow	[tʃau·tʃau]
Spitz (m)	spitshond	[spits·hont]
Mops (m)	mopshond	[mops·hont]

178. Tierlaute

Gebell (n)	geblaf	[χeblaf]
bellen (vi)	blaf	[blaf]
miauen (vi)	miaau	[miãu]
schnurren (Katze)	spin	[spin]

muhen (vi)	loei	[lui]
brüllen (Stier)	bulk	[bulk]
knurren (Hund usw.)	grom	[χrom]

Heulen (n)	gehuil	[χehœil]
heulen (vi)	huil	[hœil]
winseln (vi)	tjank	[tʃank]

meckern (Ziege)	blêr	[blær]
grunzen (vi)	snork	[snork]
kreischen (vi)	gil	[χil]

quaken (vi)	kwaak	[kwãk]
summen (Insekt)	zoem	[zum]
zirpen (vi)	kriek	[krik]

179. Vögel

Vogel (m)	voël	[foɛl]
Taube (f)	duif	[dœif]
Spatz (m)	mossie	[mossi]
Meise (f)	mees	[meəs]
Elster (f)	ekster	[ɛkstər]

Rabe (m)	raaf	[rãf]
Krähe (f)	kraai	[krãi]
Dohle (f)	kerkkraai	[kerk·krãi]

Saatkrähe (f)	roek	[ruk]
Ente (f)	eend	[eent]
Gans (f)	gans	[χaŋs]
Fasan (m)	fisant	[fisant]

Adler (m)	arend	[arɛnt]
Habicht (m)	sperwer	[sperwər]
Falke (m)	valk	[falk]

| Greif (m) | aasvoël | [āsfoɛl] |
| Kondor (m) | kondor | [kondor] |

Schwan (m)	swaan	[swān]
Kranich (m)	kraanvoël	[krān·foɛl]
Storch (m)	ooievaar	[ojefār]

Papagei (m)	papegaai	[papəχāi]
Kolibri (m)	kolibrie	[kolibri]
Pfau (m)	pou	[pæʊ]

| Strauß (m) | volstruis | [folstrœis] |
| Reiher (m) | reier | [ræjer] |

| Flamingo (m) | flamink | [flamink] |
| Pelikan (m) | pelikaan | [pelikān] |

| Nachtigall (f) | nagtegaal | [naχteχāl] |
| Schwalbe (f) | swael | [swaəl] |

Drossel (f)	lyster	[lajstər]
Singdrossel (f)	sanglyster	[saŋlajstər]
Amsel (f)	merel	[merəl]

Segler (m)	windswael	[vindswaəl]
Lerche (f)	lewerik	[leverik]
Wachtel (f)	kwartel	[kwartəl]

Specht (m)	speg	[speχ]
Kuckuck (m)	koekoek	[kukuk]
Eule (f)	uil	[œil]
Uhu (m)	ooruil	[oərœil]
Auerhahn (m)	auerhoen	[ɔuer·hun]

| Birkhahn (m) | korhoen | [korhun] |
| Rebhuhn (n) | patrys | [patrajs] |

Star (m)	spreeu	[spriʊ]
Kanarienvogel (m)	kanarie	[kanari]
Haselhuhn (n)	bonasa hoen	[bonasa hun]

| Buchfink (m) | gryskoppie | [χrajskoppi] |
| Gimpel (m) | bloedvink | [bludfink] |

Möwe (f)	seemeeu	[seəmiʊ]
Albatros (m)	albatros	[albatros]
Pinguin (m)	pikkewyn	[pikkəvajn]

180. Vögel. Gesang und Laute

singen (vt)	fluit	[flœit]
schreien (vi)	roep	[rup]
kikeriki schreien	kraai	[krāi]
kikeriki	koekelekoe	[kukeleku]
gackern (vi)	kekkel	[kɛkkəl]
krächzen (vi)	kras	[kras]
schnattern (Ente)	kwaak	[kwāk]
piepsen (vi)	piep	[pip]
zwitschern (vi)	tjilp	[ʧilp]

181. Fische. Meerestiere

Brachse (f)	brasem	[brasem]
Karpfen (m)	karp	[karp]
Barsch (m)	baars	[bārs]
Wels (m)	katvis, seebaber	[katfis], [see·baber]
Hecht (m)	snoek	[snuk]
Lachs (m)	salm	[salm]
Stör (m)	steur	[støər]
Hering (m)	haring	[hariŋ]
atlantische Lachs (m)	atlantiese salm	[atlantisə salm]
Makrele (f)	makriel	[makril]
Scholle (f)	platvis	[platfis]
Zander (m)	varswatersnoek	[farswatər·snuk]
Dorsch (m)	kabeljou	[kabeljæʊ]
Tunfisch (m)	tuna	[tuna]
Forelle (f)	forel	[forəl]
Aal (m)	paling	[paliŋ]
Zitterrochen (m)	drilvis	[drilfis]
Muräne (f)	bontpaling	[bontpaliŋ]
Piranha (m)	piranha	[piranha]
Hai (m)	haai	[hāi]
Delfin (m)	dolfyn	[dolfajn]
Wal (m)	walvis	[valfis]
Krabbe (f)	krap	[krap]
Meduse (f)	jellievis	[jelli·fis]
Krake (m)	seekat	[see·kat]
Seestern (m)	seester	[see·stər]
Seeigel (m)	see-egel, seekastaiing	[see·eχel], [see·kastajiŋ]
Seepferdchen (n)	seeperdjie	[see·perdʒi]
Auster (f)	oester	[ustər]
Garnele (f)	garnaal	[χarnāl]

| Hummer (m) | kreef | [kreəf] |
| Languste (f) | seekreef | [seə·kreəf] |

182. Amphibien Reptilien

| Schlange (f) | slang | [slaŋ] |
| Gift-, giftig | giftig | [χiftəχ] |

Viper (f)	adder	[addər]
Kobra (f)	kobra	[kobra]
Python (m)	luislang	[lœislaŋ]
Boa (f)	boa, konstriktorslang	[boa], [kɔŋstriktor·slaŋ]

Ringelnatter (f)	ringslang	[riŋ·slaŋ]
Klapperschlange (f)	ratelslang	[ratəl·slaŋ]
Anakonda (f)	anakonda	[anakonda]

Eidechse (f)	akkedis	[akkedis]
Leguan (m)	leguaan	[leχuān]
Waran (m)	likkewaan	[likkevān]
Salamander (m)	salamander	[salamandər]
Chamäleon (n)	verkleurmannetjie	[ferklœər·manneki]
Skorpion (m)	skerpioen	[skerpiun]

Schildkröte (f)	skilpad	[skilpat]
Frosch (m)	padda	[padda]
Kröte (f)	brulpadda	[brul·padda]
Krokodil (n)	krokodil	[krokodil]

183. Insekten

Insekt (n)	insek	[insek]
Schmetterling (m)	skoenlapper	[skunlappər]
Ameise (f)	mier	[mir]
Fliege (f)	vlieg	[fliχ]
Mücke (f)	muskiet	[muskit]
Käfer (m)	kewer	[kevər]

Wespe (f)	perdeby	[perdə·baj]
Biene (f)	by	[baj]
Hummel (f)	hommelby	[homməl·baj]
Bremse (f)	perdevlieg	[perdə·fliχ]

| Spinne (f) | spinnekop | [spinnə·kop] |
| Spinnennetz (n) | spinnerak | [spinnə·rak] |

Libelle (f)	naaldekoker	[nāldə·kokər]
Grashüpfer (m)	sprinkaan	[sprinkān]
Schmetterling (m)	mot	[mot]

| Schabe (f) | kakkerlak | [kakkerlak] |
| Zecke (f) | bosluis | [boslœis] |

Floh (m)	vlooi	[floj]
Kriebelmücke (f)	muggie	[muχχi]

Heuschrecke (f)	treksprinkhaan	[trek·sprinkhān]
Schnecke (f)	slak	[slak]
Heimchen (n)	kriek	[krik]
Leuchtkäfer (m)	vuurvliegie	[fɪrfliχi]
Marienkäfer (m)	lieweheersbesie	[liveheərs·besi]
Maikäfer (m)	lentekewer	[lentekevər]

Blutegel (m)	bloedsuier	[blud·sœiər]
Raupe (f)	ruspe	[ruspə]
Wurm (m)	erdwurm	[ɛrd·vurm]
Larve (f)	larwe	[larvə]

184. Tiere. Körperteile

Schnabel (m)	snawel	[snavəl]
Flügel (pl)	vlerke	[flerkə]
Fuß (m)	poot	[poət]
Gefieder (n)	vere	[ferə]
Feder (f)	veer	[feər]
Haube (f)	kuif	[kœif]

Kiemen (pl)	kiewe	[kivə]
Laich (m)	viseiers	[fisæjers]
Larve (f)	larwe	[larvə]
Flosse (f)	vin	[fin]
Schuppe (f)	skubbe	[skubbə]

Stoßzahn (m)	slagtand	[slaχtant]
Pfote (f)	poot	[poət]
Schnauze (f)	muil	[mœil]
Rachen (m)	bek	[bek]
Schwanz (m)	stert	[stert]
Barthaar (n)	snor	[snor]

Huf (m)	hoef	[huf]
Horn (n)	horing	[horiŋ]

Panzer (m)	rugdop	[ruχdop]
Muschel (f)	skulp	[skulp]
Schale (f)	eierdop	[æjer·dop]

Fell (n)	pels	[pɛls]
Haut (f)	vel	[fəl]

185. Tiere. Lebensräume

Lebensraum (f)	habitat	[habitat]
Wanderung (f)	migrasie	[miχrasi]
Berg (m)	berg	[berχ]

| Riff (n) | rif | [rif] |
| Fels (m) | rots | [rots] |

Wald (m)	woud	[væʊt]
Dschungel (m, n)	oerwoud	[urwæʊt]
Savanne (f)	veld	[fɛlt]
Tundra (f)	toendra	[tundra]

Steppe (f)	steppe	[stɛppə]
Wüste (f)	woestyn	[vustajn]
Oase (f)	oase	[oasə]

Meer (n), See (f)	see	[seə]
See (m)	meer	[meər]
Ozean (m)	oseaan	[oseãn]

Sumpf (m)	moeras	[muras]
Süßwasser-	varswater	[fars·vatər]
Teich (m)	dam	[dam]
Fluss (m)	rivier	[rifir]

Höhle (f), Bau (m)	hol	[hol]
Nest (n)	nes	[nes]
Höhlung (f)	holte	[holtə]
Loch (z.B. Wurmloch)	gat	[χat]
Ameisenhaufen (m)	miershoop	[mirs·hoəp]

Flora

186. Bäume

Baum (m)	boom	[boəm]
Laub-	bladwisselend	[bladwisselent]
Nadel-	kegeldraend	[keχɛldraent]
immergrün	immergroen	[immərχrun]
Apfelbaum (m)	appelboom	[appɛl·boəm]
Birnbaum (m)	peerboom	[peər·boəm]
Kirschbaum (m)	kersieboom	[kersi·boəm]
Süßkirschbaum (m)	soetkersieboom	[sutkersi·boəm]
Sauerkirschbaum (m)	suurkersieboom	[sɪrkersi·boəm]
Pflaumenbaum (m)	pruimeboom	[prœimə·boəm]
Birke (f)	berk	[berk]
Eiche (f)	eik	[æjk]
Linde (f)	lindeboom	[lində·boəm]
Espe (f)	trilpopulier	[trilpopulir]
Ahorn (m)	esdoring	[ɛsdoriŋ]
Fichte (f)	spar	[spar]
Kiefer (f)	denneboom	[dɛnnə·boəm]
Lärche (f)	lorkeboom	[lorkə·boəm]
Tanne (f)	den	[den]
Zeder (f)	seder	[sedər]
Pappel (f)	populier	[populir]
Vogelbeerbaum (m)	lysterbessie	[lajstərbɛssi]
Weide (f)	wilger	[vilχər]
Erle (f)	els	[ɛls]
Buche (f)	beuk	[bøək]
Ulme (f)	olm	[olm]
Esche (f)	esboom	[ɛs·boəm]
Kastanie (f)	kastaiing	[kastajiŋ]
Magnolie (f)	magnolia	[maχnolia]
Palme (f)	palm	[palm]
Zypresse (f)	sipres	[sipres]
Mangrovenbaum (m)	wortelboom	[vortəl·boəm]
Baobab (m)	kremetart	[kremetart]
Eukalyptus (m)	bloekom	[blukom]
Mammutbaum (m)	mammoetboom	[mammut·boəm]

187. Büsche

Strauch (m)	struik	[strœik]
Gebüsch (n)	bossie	[bossi]

Weinstock (m)	wingerdstok	[viŋərd·stok]
Weinberg (m)	wingerd	[viŋərt]

Himbeerstrauch (m)	framboosstruik	[frambœəs·strœik]
schwarze Johannisbeere (f)	swartbessiestruik	[swartbɛssi·strœik]
rote Johannisbeere (f)	rooi aalbessiestruik	[roj ālbɛssi·strœik]
Stachelbeerstrauch (m)	appeliefiestruik	[appɛllifi·strœik]

Akazie (f)	akasia	[akasia]
Berberitze (f)	suurbessie	[sɪr·bɛssi]
Jasmin (m)	jasmyn	[jasmajn]

Wacholder (m)	jenewer	[jenevər]
Rosenstrauch (m)	roosstruik	[rœəs·strœik]
Heckenrose (f)	hondsroos	[honds·rœəs]

188. Pilze

Pilz (m)	paddastoel	[paddastul]
essbarer Pilz (m)	eetbare paddastoel	[eətbarə paddastul]
Giftpilz (m)	giftige paddastoel	[χiftiχə paddastul]
Hut (m)	hoed	[hut]
Stiel (m)	steel	[steəl]

Steinpilz (m)	Eetbare boleet	[eətbarə boleət]
Rotkappe (f)	rooihoed	[rojhut]
Birkenpilz (m)	berkboleet	[berk·boleət]
Pfifferling (m)	dooierswam	[dojer·swam]
Täubling (m)	russula	[russula]

Morchel (f)	morielje	[morilje]
Fliegenpilz (m)	vlieëswam	[fliɛ·swam]
Grüner Knollenblätterpilz	duiwelsbrood	[dœivɛls·brœət]

189. Obst. Beeren

Frucht (f)	vrug	[fruχ]
Früchte (pl)	vrugte	[fruχtə]

Apfel (m)	appel	[appəl]
Birne (f)	peer	[peər]
Pflaume (f)	pruim	[prœim]

Erdbeere (f)	aarbei	[ārbæj]
Kirsche (f)	kersie	[kersi]
Sauerkirsche (f)	suurkersie	[sɪr·kersi]

| Süßkirsche (f) | soetkersie | [sut·kersi] |
| Weintrauben (pl) | druif | [drœif] |

Himbeere (f)	framboos	[framboəs]
schwarze Johannisbeere (f)	swartbessie	[swartbɛssi]
rote Johannisbeere (f)	rooi aalbessie	[roj ālbɛssi]
Stachelbeere (f)	appelliefie	[appɛllifi]
Moosbeere (f)	bosbessie	[bosbɛssi]

Apfelsine (f)	lemoen	[lemun]
Mandarine (f)	nartjie	[narki]
Ananas (f)	pynappel	[pajnappəl]
Banane (f)	piesang	[pisaŋ]
Dattel (f)	dadel	[dadəl]

Zitrone (f)	suurlemoen	[sɪr·lemun]
Aprikose (f)	appelkoos	[appɛlkoəs]
Pfirsich (m)	perske	[perskə]
Kiwi (f)	kiwi, kiwivrug	[kivi], [kivi·fruχ]
Grapefruit (f)	pomelo	[pomelo]

Beere (f)	bessie	[bɛssi]
Beeren (pl)	bessies	[bɛssis]
Preiselbeere (f)	pryselbessie	[prajsɛlbɛssi]
Walderdbeere (f)	wilde aarbei	[vildə ārbæj]
Heidelbeere (f)	bloubessie	[blæubɛssi]

190. Blumen. Pflanzen

| Blume (f) | blom | [blom] |
| Blumenstrauß (m) | boeket | [buket] |

Rose (f)	roos	[roəs]
Tulpe (f)	tulp	[tulp]
Nelke (f)	angelier	[anχəlir]
Gladiole (f)	swaardlelie	[swārd·leli]

Kornblume (f)	koringblom	[koriŋblom]
Glockenblume (f)	grasklokkie	[χras·klokki]
Löwenzahn (m)	perdeblom	[perdə·blom]
Kamille (f)	kamille	[kamillə]

Aloe (f)	aalwyn	[ālwajn]
Kaktus (m)	kaktus	[kaktus]
Gummibaum (m)	rubberplant	[rubbər·plant]

Lilie (f)	lelie	[leli]
Geranie (f)	malva	[malfa]
Hyazinthe (f)	hiasint	[hiasint]

Mimose (f)	mimosa	[mimosa]
Narzisse (f)	narsing	[narsiŋ]
Kapuzinerkresse (f)	kappertjie	[kapperki]
Orchidee (f)	orgidee	[orχideə]

| Pfingstrose (f) | pinksterroos | [pinkstər·roəs] |
| Veilchen (n) | viooltjie | [fioəlki] |

Stiefmütterchen (n)	gesiggie	[χesiχi]
Vergissmeinnicht (n)	vergeet-my-nietjie	[ferχeət-maj-niki]
Gänseblümchen (n)	madeliefie	[madelifi]

Mohn (m)	papawer	[papavər]
Hanf (m)	hennep	[hɛnnəp]
Minze (f)	kruisement	[krœisəment]

| Maiglöckchen (n) | dallelie | [dalleli] |
| Schneeglöckchen (n) | sneeuklokkie | [sniʊ·klokki] |

Brennnessel (f)	brandnetel	[brant·netəl]
Sauerampfer (m)	veldsuring	[fɛltsuriŋ]
Seerose (f)	waterlelie	[vatər·leli]
Farn (m)	varing	[fariŋ]
Flechte (f)	korsmos	[korsmos]

Gewächshaus (n)	broeikas	[bruikas]
Rasen (m)	grasperk	[χras·perk]
Blumenbeet (n)	blombed	[blom·bet]

Pflanze (f)	plant	[plant]
Gras (n)	gras	[χras]
Grashalm (m)	grasspriet	[χras·sprit]

Blatt (n)	blaar	[blār]
Blütenblatt (n)	kroonblaar	[kroən·blār]
Stiel (m)	stingel	[stiŋəl]
Knolle (f)	knol	[knol]

| Jungpflanze (f) | saailing | [sājliŋ] |
| Dorn (m) | doring | [doriŋ] |

blühen (vi)	bloei	[blui]
welken (vi)	verlep	[ferlep]
Geruch (m)	reuk	[røək]
abschneiden (vt)	sny	[snaj]
pflücken (vt)	pluk	[pluk]

191. Getreide, Körner

Getreide (n)	graan	[χrān]
Getreidepflanzen (pl)	graangewasse	[χrān·χəwassə]
Ähre (f)	aar	[ār]

Weizen (m)	koring	[koriŋ]
Roggen (m)	rog	[roχ]
Hafer (m)	hawer	[havər]
Hirse (f)	gierst	[χirst]
Gerste (f)	gars	[χars]
Mais (m)	mielie	[mili]

Reis (m)	rys	[rajs]
Buchweizen (m)	bokwiet	[bokwit]

Erbse (f)	ertjie	[ɛrki]
weiße Bohne (f)	nierboon	[nir·boən]
Sojabohne (f)	soja	[soja]
Linse (f)	lensie	[lɛŋsi]
Bohnen (pl)	boontjies	[boənkis]

REGIONALE GEOGRAPHIE

Länder. Nationalitäten

192. Politik. Regierung. Teil 1

Politik (f)	politiek	[politik]
politisch	politieke	[politikə]
Politiker (m)	politikus	[politikus]
Staat (m)	staat	[stāt]
Bürger (m)	burger	[burgər]
Staatsbürgerschaft (f)	burgerskap	[burgərskap]
Staatswappen (n)	nasionale wapen	[naʃionalə vapen]
Nationalhymne (f)	volkslied	[folkslit]
Regierung (f)	regering	[reχeriŋ]
Staatschef (m)	staatshoof	[stāts·hoəf]
Parlament (n)	parlement	[parlement]
Partei (f)	partij	[partij]
Kapitalismus (m)	kapitalisme	[kapitalismə]
kapitalistisch	kapitalis	[kapitalis]
Sozialismus (m)	sosialisme	[soʃialisme]
sozialistisch	sosialis	[soʃialis]
Kommunismus (m)	kommunisme	[kommunismə]
kommunistisch	kommunis	[kommunis]
Kommunist (m)	kommunis	[kommunis]
Demokratie (f)	demokrasie	[demokrasi]
Demokrat (m)	demokraat	[demokrāt]
demokratisch	demokraties	[demokratis]
demokratische Partei (f)	Demokratiese party	[demokratisə partaj]
Liberale (m)	liberaal	[liberāl]
liberal	liberaal	[liberāl]
Konservative (m)	konservatief	[kɔŋserfatif]
konservativ	konservatief	[kɔŋserfatif]
Republik (f)	republiek	[republik]
Republikaner (m)	republikein	[republikæjn]
Republikanische Partei (f)	Republikeinse Party	[republikæjnsə partaj]
Wahlen (pl)	verkiesings	[ferkisiŋs]
wählen (vt)	verkies	[ferkis]

Wähler (m)	kieser	[kisər]
Wahlkampagne (f)	verkiesingskampanje	[fərkisiŋs·kampanje]

Abstimmung (f)	stemming	[stɛmmiŋ]
abstimmen (vi)	stem	[stem]
Abstimmungsrecht (n)	stemreg	[stem·reχ]

Kandidat (m)	kandidaat	[kandidāt]
Kampagne (f)	kampanje	[kampanje]

Oppositions-	opposisie	[opposisi]
Opposition (f)	opposisie	[opposisi]

Besuch (m)	besoek	[besuk]
Staatsbesuch (m)	amptelike besoek	[amptelikə besuk]
international	internasionaal	[internaʃionāl]

Verhandlungen (pl)	onderhandelinge	[ondərhandeliŋə]
verhandeln (vi)	onderhandel	[ondərhandəl]

193. Politik. Regierung. Teil 2

Gesellschaft (f)	samelewing	[sameleviŋ]
Verfassung (f)	grondwet	[χront·wet]
Macht (f)	mag	[maχ]
Korruption (f)	korrupsie	[korrupsi]

Gesetz (n)	wet	[vet]
gesetzlich (Adj)	wetlik	[vetlik]

Gerechtigkeit (f)	geregtigheid	[χereχtiχæjt]
gerecht	regverdig	[reχferdəχ]

Komitee (n)	komitee	[komiteə]
Gesetzentwurf (m)	wetsontwerp	[vetsontwerp]
Budget (n)	begroting	[beχrotiŋ]
Politik (f)	beleid	[belæjt]
Reform (f)	hervorming	[herformiŋ]
radikal	radikaal	[radikāl]

Macht (f)	mag	[maχ]
mächtig (Adj)	magtig	[maχtəχ]
Anhänger (m)	ondersteuner	[ondərstøənər]
Einfluss (m)	invloed	[influt]

Regime (n)	bewind	[bevint]
Konflikt (m)	konflik	[konflik]
Verschwörung (f)	sameswering	[samesweriŋ]
Provokation (f)	uitdaging	[œitdaχiŋ]

stürzen (vt)	omvergooi	[omferχoj]
Sturz (m)	omvergooi	[omferχoj]
Revolution (f)	revolusie	[refolusi]
Staatsstreich (m)	staatsgreep	[stāts·χreəp]

Militärputsch (m)	militêre staatsgreep	[militærə stãtsχreəp]
Krise (f)	krisis	[krisis]
Rezession (f)	ekonomiese agteruitgang	[ɛkonomisə aχtər·œitχaŋ]
Demonstrant (m)	betoër	[betoɛr]
Demonstration (f)	demonstrasie	[demɔŋstrasi]
Ausnahmezustand (m)	krygswet	[krajχs·wet]
Militärbasis (f)	militêre basis	[militærə basis]

| Stabilität (f) | stabiliteit | [stabilitæjt] |
| stabil | stabiel | [stabil] |

| Ausbeutung (f) | uitbuiting | [œitbœitiŋ] |
| ausbeuten (vt) | uitbuit | [œitbœit] |

Rassismus (m)	rassisme	[rassismə]
Rassist (m)	rassis	[rassis]
Faschismus (m)	fascisme	[faʃismə]
Faschist (m)	fascis	[faʃis]

194. Länder. Verschiedenes

Ausländer (m)	vreemdeling	[freəmdeliŋ]
ausländisch	vreemd	[freəmt]
im Ausland	in die buiteland	[in di bœitəlant]

Auswanderer (m)	emigrant	[ɛmiχrant]
Auswanderung (f)	emigrasie	[ɛmiχrasi]
auswandern (vi)	emigreer	[ɛmiχreər]

Westen (m)	die Weste	[di vestə]
Osten (m)	die Ooste	[di oəstə]
Ferner Osten (m)	die Verre Ooste	[di ferrə oəstə]

Zivilisation (f)	beskawing	[beskaviŋ]
Menschheit (f)	mensdom	[mɛŋsdom]
Welt (f)	die wêreld	[di værəlt]
Frieden (m)	vrede	[fredə]
Welt-	wêreldwyd	[værəlt·wajt]

Heimat (f)	vaderland	[fadər·lant]
Volk (n)	volk	[folk]
Bevölkerung (f)	bevolking	[befolkiŋ]
Leute (pl)	mense	[mɛŋsə]
Nation (f)	nasie	[nasi]
Generation (f)	generasie	[χenerasi]

Territorium (n)	gebied	[χebit]
Region (f)	streek	[streək]
Staat (z.B. ~ Alaska)	staat	[stãt]

Tradition (f)	tradisie	[tradisi]
Brauch (m)	gebruik	[χebrœik]
Ökologie (f)	ekologie	[ɛkoloχi]
Indianer (m)	Indiaan	[indiãn]

Zigeuner (m)	Sigeuner	[siχøənər]
Zigeunerin (f)	Sigeunerin	[siχøənərin]
Zigeuner-	sigeuner-	[siχøənər-]

Reich (n)	rijk	[rijk]
Kolonie (f)	kolonie	[koloni]
Sklaverei (f)	slawerny	[slavərnaj]
Einfall (m)	invasie	[infasi]
Hunger (m)	hongersnood	[hoŋərsnoət]

195. Wichtige Religionsgruppen. Konfessionen

Religion (f)	godsdiens	[χodsdiŋs]
religiös	godsdienstig	[χodsdiŋstəχ]

Glaube (m)	geloof	[χeloəf]
glauben (vt)	glo	[χlo]
Gläubige (m)	gelowige	[χeloviχə]

Atheismus (m)	ateïsme	[ateïsmə]
Atheist (m)	ateïs	[ateïs]

Christentum (n)	Christendom	[χristəndom]
Christ (m)	Christen	[χristən]
christlich	Christelik	[χristəlik]

Katholizismus (m)	Katolisisme	[katolisismə]
Katholik (m)	Katoliek	[katolik]
katholisch	katoliek	[katolik]

Protestantismus (m)	Protestantisme	[protestantismə]
Protestantische Kirche (f)	Protestantse Kerk	[protestantsə kerk]
Protestant (m)	Protestant	[protestant]

Orthodoxes Christentum (n)	Ortodoksie	[ortodoksi]
Orthodoxe Kirche (f)	Ortodokse Kerk	[ortodoksə kerk]
orthodoxer Christ (m)	Ortodoks	[ortodoks]

Presbyterianismus (m)	Presbiterianisme	[presbiterianismə]
Presbyterianische Kirche (f)	Presbiteriaanse Kerk	[presbiteriāŋsə kerk]
Presbyterianer (m)	Presbiteriaan	[presbitəriān]

Lutherische Kirche (f)	Lutheranisme	[luteranismə]
Lutheraner (m)	Lutheraan	[lutərān]

Baptismus (m)	Baptistiese Kerk	[baptistisə kerk]
Baptist (m)	Baptis	[baptis]

Anglikanische Kirche (f)	Anglikaanse Kerk	[anχlikāŋsə kerk]
Anglikaner (m)	Anglikaan	[anχlikān]

Mormonismus (m)	Mormonisme	[mormonismə]
Mormone (m)	Mormoon	[mormoən]
Judentum (n)	Jodendom	[jodɛndom]

Jude (m)	Jood	[joət]
Buddhismus (m)	Boeddhisme	[buddismə]
Buddhist (m)	Boeddhis	[buddis]
Hinduismus (m)	Hindoeïsme	[hinduïsmə]
Hindu (m)	Hindoe	[hindu]
Islam (m)	Islam	[islam]
Moslem (m)	Islamiet	[islamit]
moslemisch	Islamities	[islamitis]
Schiismus (m)	Sjia Islam	[ʃia islam]
Schiit (m)	Sjiït	[ʃiït]
Sunnismus (m)	Sunni Islam	[sunni islam]
Sunnit (m)	Sunniet	[sunnit]

196. Religionen. Priester

Priester (m)	priester	[pristər]
Papst (m)	die Pous	[di pæʊs]
Mönch (m)	monnik	[monnik]
Nonne (f)	non	[non]
Pfarrer (m)	pastoor	[pastoər]
Abt (m)	ab	[ap]
Vikar (m)	priester	[pristər]
Bischof (m)	biskop	[biskop]
Kardinal (m)	kardinaal	[kardinãl]
Prediger (m)	predikant	[predikant]
Predigt (f)	preek	[preək]
Gemeinde (f)	kerkgangers	[kerk·χaŋərs]
Gläubige (m)	gelowige	[χeloviχə]
Atheist (m)	ateïs	[ateïs]

197. Glauben. Christentum. Islam

Adam	Adam	[adam]
Eva	Eva	[efa]
Gott (m)	God	[χot]
Herr (m)	die Here	[di herə]
Der Allmächtige	die Almagtige	[di almaχtiχə]
Sünde (f)	sonde	[sondə]
sündigen (vi)	sondig	[sondəχ]
Sünder (m)	sondaar	[sondãr]
Sünderin (f)	sondares	[sondares]
Hölle (f)	hel	[həl]

Paradies (n)	paradys	[paradajs]
Jesus	Jesus	[jesus]
Jesus Christus	Jesus Christus	[jesus χristus]
der Heiliger Geist	die Heilige Gees	[di hæjliχə χeəs]
der Erlöser	die Verlosser	[di ferlossər]
die Jungfrau Maria	die Maagd Maria	[di māχt maria]
Teufel (m)	die duiwel	[di dœivəl]
teuflisch	duiwels	[dœivɛls]
Satan (m)	Satan	[satan]
satanisch	satanies	[satanis]
Engel (m)	engel	[ɛŋəl]
Schutzengel (m)	beskermengel	[beskerm·eŋəl]
Engel(s)-	engelagtig	[ɛŋəlaχtəχ]
Apostel (m)	apostel	[apostəl]
Erzengel (m)	aartsengel	[ārtseŋəl]
Antichrist (m)	die antichris	[di antiχris]
Kirche (f)	Kerk	[kerk]
Bibel (f)	Bybel	[bajbəl]
biblisch	bybels	[bajbəls]
Altes Testament (n)	Ou Testament	[æʊ testament]
Neues Testament (n)	Nuwe Testament	[nuvə testament]
Evangelium (n)	evangelie	[ɛfanχəli]
Heilige Schrift (f)	Heilige Skrif	[hæjliχə skrif]
Himmelreich (n)	hemel	[heməl]
Gebot (n)	gebod	[χebot]
Prophet (m)	profeet	[profeət]
Prophezeiung (f)	profesie	[profesi]
Allah	Allah	[allah]
Mohammed	Mohammed	[mohammet]
Koran (m)	die Koran	[di koran]
Moschee (f)	moskee	[moskeə]
Mullah (m)	moella	[mulla]
Gebet (n)	gebed	[χebet]
beten (vi)	bid	[bit]
Wallfahrt (f)	pelgrimstog	[pɛlχrimstoχ]
Pilger (m)	pelgrim	[pɛlχrim]
Mekka (n)	Mecca	[mɛkka]
Kirche (f)	kerk	[kerk]
Tempel (m)	tempel	[tempəl]
Kathedrale (f)	katedraal	[katedrāl]
gotisch	Goties	[χotis]
Synagoge (f)	sinagoge	[sinaχoχə]
Moschee (f)	moskee	[moskeə]
Kapelle (f)	kapel	[kapəl]
Abtei (f)	abdy	[abdaj]

Kloster (n), Konvent (m)	**klooster**	[kloəstər]
Glocke (f)	**klok**	[klok]
Glockenturm (m)	**kloktoring**	[klok·toriŋ]
läuten (Glocken)	**lui**	[lœi]
Kreuz (n)	**kruis**	[krœis]
Kuppel (f)	**koepel**	[kupəl]
Ikone (f)	**ikoon**	[ikoən]
Seele (f)	**siel**	[sil]
Schicksal (n)	**noodlot**	[noədlot]
das Böse	**die bose**	[di bosə]
Gute (n)	**goed**	[χut]
Vampir (m)	**vampier**	[fampir]
Hexe (f)	**heks**	[heks]
Dämon (m)	**demoon**	[demoən]
Geist (m)	**gees**	[χeəs]
Sühne (f)	**versoening**	[fersuniŋ]
sühnen (vt)	**verlos**	[ferlos]
Gottesdienst (m)	**kerkdies**	[kerkdis]
die Messe lesen	**die mis opdra**	[di mis opdra]
Beichte (f)	**bieg**	[biχ]
beichten (vi)	**bieg**	[biχ]
Heilige (m)	**heilige**	[hæjliχə]
heilig	**heilig**	[hæjləχ]
Weihwasser (n)	**wywater**	[vaj·vatər]
Ritual (n)	**ritueel**	[ritueəl]
rituell	**ritueel**	[ritueəl]
Opfer (n)	**offerande**	[offerandə]
Aberglaube (m)	**bygeloof**	[bajχəloəf]
abergläubisch	**bygelowig**	[bajχəlovəχ]
Nachleben (n)	**hiernamaals**	[hirna·māls]
ewiges Leben (n)	**ewige lewe**	[ɛviχə levə]

VERSCHIEDENES

198. Verschiedene nützliche Wörter

Anfang (m)	begin	[beχin]
Anstrengung (f)	inspanning	[inspanniŋ]
Anteil (m)	deel	[deəl]
Art (Typ, Sorte)	soort	[soərt]
Auswahl (f)	keuse	[køəsə]
Barriere (f)	hindernis	[hindərnis]
Basis (f)	basis	[basis]
Beispiel (n)	voorbeeld	[foərbeəlt]
bequem (gemütlich)	gemaklik	[χemaklik]
Bilanz (f)	balans	[balaŋs]
Ding (n)	ding	[diŋ]
dringend (Adj)	dringend	[driŋən]
dringend (Adv)	dringend	[driŋən]
Effekt (m)	effek	[ɛffek]
Eigenschaft (Werkstoff~)	eienskap	[æjeŋskap]
Element (n)	element	[ɛlement]
Ende (n)	einde	[æjndə]
Entwicklung (f)	ontwikkeling	[ontwikkeliŋ]
Fachwort (n)	term	[term]
Fehler (m)	fout	[fæʊt]
Form (z.B. Kugel-)	vorm	[form]
Fortschritt (m)	vooruitgang	[foərœitχaŋ]
Gegenstand (m)	objek	[objek]
Geheimnis (n)	geheim	[χəhæjm]
Grad (Ausmaß)	graad	[χrāt]
Halt (m), Pause (f)	pouse	[pæʊsə]
häufig (Adj)	gereeld	[χereəlt]
Hilfe (f)	hulp	[hulp]
Hindernis (n)	hinderpaal	[hindərpāl]
Hintergrund (m)	agtergrond	[aχtərχront]
Ideal (n)	ideaal	[ideāl]
Kategorie (f)	kategorie	[kateχori]
Kompensation (f)	kompensasie	[kompɛnsasi]
Labyrinth (n)	labirint	[labirint]
Lösung (Problem usw.)	oplossing	[oplossiŋ]
Moment (m)	moment	[moment]
Nutzen (m)	nut	[nut]
Original (Schriftstück)	origineel	[oriχineəl]
Pause (kleine ~)	pouse	[pæʊsə]

Position (f)	posisie	[posisi]
Prinzip (n)	beginsel	[beχinsəl]
Problem (n)	probleem	[probleəm]
Prozess (m)	proses	[proses]

Reaktion (f)	reaksie	[reaksi]
Reihe (Sie sind an der ~)	beurt	[bøərt]
Risiko (n)	risiko	[risiko]
Serie (f)	reeks	[reəks]

Situation (f)	toestand	[tustant]
Standard-	standaard	[standãrt]
Standard (m)	standaard	[standãrt]
Stil (m)	styl	[stajl]

System (n)	sisteem	[sisteəm]
Tabelle (f)	tabel	[tabəl]
Tatsache (f)	feit	[fæjt]
Teilchen (n)	deeltjie	[deəlki]
Tempo (n)	tempo	[tempo]

Typ (m)	tipe	[tipə]
Unterschied (m)	verskil	[ferskil]
Ursache (z.B. Todes-)	rede	[redə]
Variante (f)	variant	[fariant]
Vergleich (m)	vergelyking	[ferχelajkiŋ]

Wachstum (n)	groei	[χrui]
Wahrheit (f)	waarheid	[vãrhæjt]
Weise (Weg, Methode)	manier	[manir]
Zone (f)	sone	[sonə]
Zufall (m)	toeval	[tufal]